무엇을 버릴 것인가

위기의 시대를 이기는 단 하나의 질문

무엇을 버릴 것인가

유필화 지음

비즈니스북스

무엇을 버릴 것인가

1판 1쇄 발행 2016년 3월 15일
1판 8쇄 발행 2019년 4월 5일

지은이 | 유필화
발행인 | 홍영태
발행처 | (주)비즈니스북스
등 록 | 제2000-000225호(2000년 2월 28일)
주 소 | 03991 서울시 마포구 월드컵북로6길 3 이노베이스빌딩 7층
전 화 | (02)338-9449
팩 스 | (02)338-6543
e-Mail | bb@businessbooks.co.kr
홈페이지 | http://www.businessbooks.co.kr
블로그 | http://blog.naver.com/biz_books
페이스북 | thebizbooks
ISBN 979-11-86805-20-6 03320

잔가지는 과감히 쳐내라

2016년 현재 세계 11위의 경제대국 대한민국에서 살고 있는 5,000만 한국인들을 짓누르고 있는 두 괴물이 있다. 하나는 '불확실성'이요 또 하나는 '불안감'이다. 우리나라는 1인당 수출액이 독일에 이어 세계 제 2위이다. 그만큼 우리는 강력한 수출경쟁력을 갖고 있다. 그러나 한편 으로는 그 때문에 우리는 해외 경제 상황에 더 민감할 수밖에 없다. 우리 경제의 큰 버팀목이었던 중국이 위기의 조짐을 보이고, 한때 세 계경제의 희망처럼 보이던 신흥경제국들이 비틀거리고 있다. 특히 브 라질과 러시아는 전망이 매우 불투명하며 인도네시아도 눈에 띄게 성 장률이 둔화하고 있다. 난민 위기에 시달리고 있는 유럽에서도 상당수 의 나라가 저성장과 높은 실업률로 고전하고 있다.

　문제는 안에서도 찾을 수 있다. 내수시장은 몇 년 째 계속 부진의 늪에 빠져 있고, 이를 해소하지 못하는 정치권은 국민의 불안감을 가중시키고만 있다. 일자리를 구하는 데 어려움을 겪고 있는 젊은이들, 구조조정의 대상이 되지 않을까 불안해하는 직장인들, 급속히 진행되는 고령화의 시대에 대비하지 못한 채 이미 회사를 떠났거나 곧 회사를 떠나야 하는 수많은 중생들. 이들 모두 불확실성의 시대에 내던져져 있어 미래는 불안하기만 하다.

이렇게 한치 앞도 보이지 않는 불확실성과 그에 따르는 불안감을 가장 뼈저리게 느끼는 사람은 아마 자본주의의 핵심 경제주체인 기업, 기업의 경영자, 중간관리자 이상의 지도자들일 것이다. '경영'이야말로 가장 치열하게 현실과 맞부딪히는 삶의 현장이 아닌가. 그들은 이 현장의 최일선에서 매일 크고 작은 의사결정을 해야 한다. 그리고 그 의사결정은 그들 자신뿐 아니라 수많은 다른 사람들의 삶에 두고두고 영향을 미친다.

경영 환경, 자신을 비롯한 모두의 미래가 보이지 않는 가운데 의사결정을 내릴 때, 그들의 심정은 어떨까? 스스로 옥죄는 듯한 이 불확실성과 불안감을 줄여 주는 가르침을 갈구하고 있지 않을까?

평생 경영학을 공부하고 가르치고 또 국내외의 숱한 기업 지도자들과 교류해 오면서 나는 이렇게 불확실성과 불안감이 팽배한 시대에 유효한 지혜가 있음을 알게 되었다. 오늘을 살아가는 우리 기업인, 경영자, 관리자들에게 내가 드리고 싶은 이야기도 바로 그 지혜에 관한 것이다.

잔가지를 과감히 쳐내고 더욱 더 기본에 충실하라.

경영에 있어 '기본'이란 무엇일까? 바로 '사람, 혁신, 이익'이다. 그리고 이 모든 것은 '도전정신'이라는 토양 위에서만 가능하다. 현실에 안주하지 않고 더 나은, 더 높은 목표를 향해 나아가겠다는 도전정신이 회사에 넘치면, 사람들의 힘이 용솟음치며 그 결과 혁신이 활발히 이루어지기 때문이다. 이런 회사는 이익을 더 많이 내게 되고 자연히 기업가치가 올라가기 마련이다.

경영의 본질은 사람을 다루는 것이다. 재화를 생산하는 기업, 그 기업을 움직이는 경영자와 직원들은 모두 사람이다. 기업이 만족시켜야 하는 고객과 주주도 사람이다. 또한 경영활동을 하는 과정에서 끊임없이 부딪치는 협력회사, 관청, 금융회사 그리고 경쟁사의 사람들도 모두 인간이라는 면에서는 마찬가지다. 따라서 경영리더십을 발휘하기 위해 가장 필요한 것은 바로 사람을 이해하는 것이다. 사람을 이해해야만 남을 자발적으로 움직이게 할 수 있다.

그런데 지난 수천 년간 역사는 반복되지 않았지만 오랜 세월 동안 인간은 거의 변하지 않은 듯하다. 공자와 소크라테스, 플라톤, 한비자 그리고 세네카 등의 현인들이 인간과 인간의 행동에 대해 말한 내용은 그때나 지금이나 크게 다르지 않다. 거의 정확히 들어맞는다. 그래서 우리는 옛 현인들의 인간에 대한 깊은 통찰이 담겨 있는 고전을 읽음으로써 인간의 심리와 본질을 더 잘 이해하려 한다. 인간에 대한 깊은 이해가 있을 때, 사람을 위하는 마음과 사람을 이끄는 힘을 고루 갖춘 지도자로 성장할 수 있는 가능성이 더 커지는 것은 두말할 나위도 없다.

그래서 이 책의 제1장에서는 인류의 5,000년 내공이 담겨 있는 고전 특히 동양고전과 생생한 인류의 삶의 기록인 역사가 가르쳐 주는 21세기의 경영리더십의 지혜를 논의한다. 특히 옛날의 지도자들이 지금보다 훨씬 더 어려운 상황에 부딪혔을 때 어떻게 도전정신을 발휘했는가 하는 사례를 주로 다루고 있다.

제2장에서는 전 세계를 매료하고 있는 독일의 초일류 중소기업들, 즉 히든 챔피언들이 어떻게 경영의 기본을 잘 지키고 있는가를 알아본다. 특히 기업경쟁력의 핵심인 변화와 혁신에 관한 한 그들은 세계 최고의 모범생이다. 그래서 혁신 분야에서 우리가 그들로부터 무엇을 배울 수 있는가를 생각해 본다.

제3장에서는 아직도 매출 또는 시장점유율 위주의 사고가 팽배해 있는 오늘날의 업계에서 기업지도자는 왜 이익을 기업경영의 중심에 놓고 전략을 구상해야 하는가를 여러 각도에서 논의한다. 즉 수익성 위주 경영의 중요성을 설파하고 있다. 또한 치열한 경쟁이 벌어지고 있는 기업경영의 현장에서 기업이 살아남고 미래로 나아가는 데 적지 않은 도움이 될 수 있는 몇몇 검증된 아이디어도 제시하고 있다.

끝으로 이 책은 매우 특이한 부록을 담고 있다. 그것은 앞에서 논의한 '사람, 혁신, 이익'이라는 경영의 기본에 누구보다도 충실하면서 우리 사회의 노블레스 오블리주로서의 의무도 게을리하지 않는 교보생명의 신창재 회장에 관한 나의 특별 사례연구이다. 그는 이 책에서 제시하고 있는 내용을 실제 온몸으로 보여 주는 인물이다. 그 결과 교보생명은 숱한 어려움 가운데에서도 지속적으로 뛰어난 경영 성과를 올리고 있으며, 또한 나라 안팎에서 존경받는 기업으로 자리매김하고 있다.

이 책은 지난 수년간의 나의 독서, 사유, 경험을 집대성한 결과물이다. 내가 나름대로 5,000년에 걸쳐 생산된 동서양의 인문고전과 역사에서 배운 옛 어른들의 지혜 그리고 경영의 현장에서 보고 들으며 터득한 통찰이 담겨 있는 책이라고 감히 자부한다. 미래를 준비하고 있는 젊은 학생들, 현재 기업을 이끌어 가고 있는 리더들 또 앞으로 그러한 자리에 도달할 예비 리더들, 창업을 꿈꾸고 있는 직장인들, 고군분투하는 중소기업 사장들, 혁신을 시도하고자 하는 재래시장의 상인들에게 이 책은 정다운 길잡이가 되리라 확신한다.

이 책이 나오기까지 많은 도움을 준 비즈니스북스의 유예진 과장, 송은경 대리, 성균관대학교 SKK GSB의 임진희 씨, 김항훈 씨 그리고 나의 조교 구본호 씨에게 이 자리를 빌어 깊은 고마움의 뜻을 표한다.

2016년 1월

유필화

차례

이익을 내지 못하면 모두 버려라
_경영 현장에서 찾은 경쟁전략의 원칙

제1장

사람만 남기고 모두 버려라

인문고전과 역사에서 찾은 리더십의 원칙

어려움에 부딪혔을 때 대처하는 길은 단 하나뿐이다.

해야 하는 모든 방도를 강구한 다음 오로지 태연하게 그것에 대처해야 한다.

(人之於患難, 只有一箇處置, 盡人謀之後, 却須泰然處之)

《근사록》〈출처류〉(出處類)

리더는 시대를
탓하지 않는다

조직과 기업을 이끄는 리더가 도전정신을 발휘해 현재의 어려움을 극복하려 할 때 커다란 도움을 주는 것이 바로 동서양의 수많은 고전이다. 고전은 인류가 수천 년간 쌓아 온 지혜와 통찰을 담아 놓은 보물창고이자 지금까지 변함없이 신선한 가르침을 주는 삶의 지침서이기 때문이다. 그중에서도 우리는 서양고전보다 동양고전에 더 친숙하고 오랫동안 동양고전의 영향을 받아 왔다. 실제로 동양고전은 역경에 처한 오늘날의 기업인에게 오랜 경험에서 우러난 삶의 지혜를 전해 준다.

세상에는 뜻대로 되지 않는 일이 늘 7, 8할은 된다.(天下不如意事 十常七八)

《십팔사략》(十八史略) 제3권 〈서진〉(西晉)

첫 번째 이야기는 이것이다. 진(晉)나라의 양고(羊祜) 장군이 흰 말로 어느 나라, 어느 시대에든 조직에서 일하는 사람은 종종 그 비슷한 탄식을 쏟아 낸다. 불교에서도 중생이 겪는 괴로움 중에 구부득고(求不得苦)라 하여 '구하고 싶으나 얻지 못하는 괴로움'을 이야기한다. 그만큼 일이 잘 풀리지 않는 것은 누구나 겪는 삶의 한 부분이다. 그러므로 기업을 이끄는 경영자는 늘 부딪히는 크고 작은 어려움을 경영에 으레 따라다니는 현상으로 담담히 받아들이는 편이 낫다. 그러면 문제는 회사가 역경에 봉착한다는 사실이 아니라 '그것을 어떻게 극복할 것인가'임을 인식하게 된다.

이에 《맹자》(孟子)는 무엇보다 중요한 것은 끈질기고 강한 의지력이라 답한다.

> 일을 성취하는 것은 우물을 파는 것과 같다. 우물을 아홉 길 팠더라도 샘
> 에 이르지 못한 채 그만두면 이는 우물을 버리는 것과 마찬가지다.
>
> 《맹자》(孟子) 제13장 〈진심장〉(盡心章) 상편

사업을 하다 벽에 부딪히면 쉽게 포기하지 말고 강한 의지력으로 버텨야 한다. 어려움에 처했을 때 그것을 어떻게 이겨 내는가를 보면 그 사람의 진가를 알 수 있다. 《후한서》(後漢書)에도 "질풍에 억센 풀을 안다."라는 유명한 말이 있다. 즉, 바람이 강하게 불어야 어떤 풀이 약하고 또 어떤 풀이 강한지 알 수 있듯 역경에 부딪혔을 때 그 사람

의 진가가 드러난다. 《논어》에서도 리더의 필수요건으로 '강한 의지력'을 손꼽는다.

> 선비는 도량이 넓고 뜻이 굳세지 않으면 안 된다. 짐이 무겁고 길이 멀기 때문이다.(士不可以不弘不毅 任重而道遠) 《논어》(論語) 제8장 〈태백〉(泰伯)

여기서 말하는 사(士)는 오늘날 조직의 리더이고 홍(弘)은 넓은 시야 혹은 높은 식견을, 의(毅)는 '강하다'는 뜻으로 여기서는 강한 의지력을 의미한다. 그러면 강한 의지력을 갖추려면 어떻게 해야 할까?

> 역경에 처하면 주변의 모든 것이 좋은 약이 되고, 자신도 모르는 사이에 절조와 행동이 단련된다. 만사가 잘 풀릴 때는 눈앞의 모든 것이 흉기가 되고 살이 녹고 뼈가 깎여도 깨닫지 못한다. 《채근담》(菜根譚) 전집(前集) 제99장

이에 대해 《채근담》은 시련을 좋은 약으로 알고 자신을 연마하기를 주문한다. 불교 대승경전의 최고봉으로 평가받는 《화엄경》(華嚴經)에도 "모든 것은 마음이 짓는다."(一切唯心造)는 유명한 구절이 나온다. 오늘날 '경영의 신'이자 '철인'으로 추앙받는 이나모리 가즈오는 그가 고안한 '성공 방정식'의 개념으로 마음가짐의 중요성을 설파하고 있다.

> 인생의 결과 = 사고방식(마음가짐) × 열의 × 능력

열의와 능력은 늘 플러스지만 사고방식은 마이너스일 수도, 플러스일 수도 있다. 이나모리 가즈오가 사고방식, 즉 어떻게 마음을 먹느냐가 인생의 결과에 가장 큰 영향을 미친다고 말하는 이유가 여기에 있다.

2006년 나는 《사랑은 사랑이 아닙니다》라는 시집을 펴냈는데 그중 〈사장 일기〉라는 시에서 다음과 같이 노래했다.

쉴 새 없이 들이닥치는

크고 작은 어려움은

회사의 강장제

변덕스러운 고객은

우리 제품을 나날이 더 나아지게 하는 은인

말 안 듣는 직원 덕분에

나의 사람 다루는 솜씨는

이제 보통이 아니다

이는 기업의 리더가 어떤 마음가짐으로 현재의 어려움을 바라보느냐가 그것을 극복하는 데 큰 영향을 미치므로 역경을 거름으로 삼으라는 가르침이다. 만약 역경을 좋은 약으로 알고 그것에 과감히 도전하면 어떤 결과가 생길까? 아래의 두 문장을 보자.

쇠퇴하여 쓸쓸한 모습은 곧 번성함 속에 있고, 생장(生長)의 움직임은 곧

시름 속에 있다. 그러므로 군자는 편안한 때 마음을 굳게 지킴으로써 후환

(後患)을 염려해야 하고, 어려움을 당해서는 마땅히 굳게 백 번을 참음으

로써 성공을 도모해야 한다.　　　　　　　　　　《채근담》 전집 제117장

극한 상황에 이르면 변하고, 변하면 통하는 길이 생긴다.(窮則變 變則通)

《주역》(周易) 〈계사전〉(繫辭傳) 하

　두 문장 모두 역경 속에 생과 지속의 비밀이 있으니 어려움이 극에
달해도 참고 견디면 분명 희망의 서광이 비칠 것이라 말한다. 그러면
어떤 태도로 끈질기게 버틸 수 있는가? 유교의 주요 경전 중 하나인
《근사록》(近思錄)을 보자.

어려움에 부딪혔을 때 대처하는 길은 단 하나뿐이다. 해야 하는 모든 방도

를 강구한 다음 오로지 태연하게 그것에 대처해야 한다.(人之於患難, 只有

一箇處置, 盡人謀之後, 却須泰然處之)　　　　　《근사록》 〈출처류〉(出處類)

　리더는 회사가 역경에 빠지면 자신의 지혜와 경험을 총동원해 그것
을 극복하기 위한 방도를 강구해야 한다. 그다음에는 부하들에게 절대
로 힘든 내색을 하지 않고 어떠한 사태에도 동요하지 않는 자세로 매
사에 임해야 한다. 이렇게 태연한 자세로 늘 최선을 다하는 리더는 당
당하고 후회가 없다. 그런 리더를 우러러보면서 직원들은 그들 조직에

든든한 버팀목이 있음을 믿고 도전적이고 의욕적으로 업무에 임할 수 있다. 의연한 자세를 견지하는 리더는 회사에 신바람을 불러일으키는 시발점이 될 수 있는 것이다. 더불어《맹자》는 역경에 놓인 리더에게 상황에 따라 적절한 때를 기다릴 줄 아는 태도를 주문한다.

> 비록 지혜가 있어도 형세를 타는 것만 못하며, 비록 김매는 농기구가 있어도 때를 기다리는 것만 못하다.(雖有知慧 不如乘勢, 雖有鎡基 不如待時)
>
> 《맹자》의 〈공손추〉(公孫丑)

여기서 '형세를 탄다'는 말을 지금에 맞게 적용하면 '리더가 회사에 활기를 불어넣는 것'을 의미한다. 조직의 분위기가 가라앉으면 구성원들의 사기가 떨어지고 생산성도 하락하게 마련이다. 그래서 불황일수록 리더는 조직에 활력이 넘치도록 노력해야 한다. 조직의 분위기가 살아나면 하나의 힘이 두셋의 위력을 발휘한다.

그러면 '때를 기다리는 것'은 오늘날의 상황에 비춰볼 때 어떤 의미일까? 조직과 기업이 역경에 빠지는 것은 그 원인이 그 내부에 있기도 하지만 기업을 둘러싼 경영 환경이 나쁘기 때문일 수도 있다. 이렇게 기업의 통제를 벗어난 변수가 경영난의 주된 원인일 때는 기업의 적극적인 타개 노력이 오히려 최선이 아닐 수도 있다. 조용히 인내하면서 상황이 변화하기를 기다리는 것도 기업이 선택할 수 있는 유력한 대안이다. 그렇다고 가만히 앉아서 기다리라는 뜻은 아니다. 현명한 기업은 미래에 거둘 결실을 위해 꾸준히 씨앗을 뿌리고 싹을 키우면서 때를 기다린다.

《장자》(莊子)는 활기를 불어넣는 것에서 한발 더 나아간 리더십을 주장한다. 이른바 펀(fun)경영이다.

> 옛날에 득도한 이는 역경에도 즐거웠고 일이 잘 풀려도 즐거웠다. 즐기는 것과 어려움이 있느냐 없느냐는 아무런 관계가 없기 때문이다.(古之得道者 窮亦樂 通亦樂 所樂非窮通也)
>
> 《장자》의 〈양왕〉(讓王) 편

이처럼 동양의 옛 현인들은 역경도 순경(順境)도 모두 즐기는 매우 수준 높은 리더십과 경영 방식을 권한다. 형편이 좋든 나쁘든 상관없이 언제나 일과 즐거움을 양립시키는 경영은 높은 경지에 이른, 상당한 내공을 쌓은 리더만이 해낼 수 있다. 다른 한편으로 이것은 모든 경영자가 도달하기 위해 노력해야 하는 경지이기도 하다.

조직과 기업이 역경을 헤쳐 나가기 위해서는 리더, 그 자신의 변화가 필요하다. 다음에 정리된 동양고전의 가르침을 되새기며 리더의 마음가짐을 되돌아보길 바란다.

- 조직 또는 회사를 경영하는 한 각종 어려움은 응당 따르기 마련이다. 리더는 초조해하거나 당황하지 말고 담담히 받아들이는 것이 낫다.
- 회사가 역경에 부딪혔을 때 무엇보다 필요한 것은 리더의 끈질기고 강인

한 의지력이다.

- 리더는 회사가 부딪힌 어려움을 자신 및 회사의 경쟁력을 키우는 좋은 약으로 보고 거기에 과감히 도전해야 한다.
- 긍정적인 생각을 품고 견뎌 내면 반드시 희망의 햇살이 비친다.
- 회사가 역경에 빠지면 리더는 자신의 역량을 총동원하되, 힘든 내색을 하지 말고 어떤 사태에도 동요하지 않는 자세를 보여야 한다.
- 리더는 형편이 좋든 나쁘든 언제나 조직이 활기를 띠게 해야 하며, 궁극적으로는 항상 일과 즐거움이 공존하는 기업문화를 정립해야 한다.
- 기업의 통제를 벗어난 외부요인으로 인해 회사가 역경에 빠졌을 때는 미래를 착실히 준비하면서 형세 변화를 차분히 기다리는 것도 하나의 대안이다.

결단하면
뒤돌아보지 마라

치열한 경쟁의 시대를 사는 오늘날에는 도전정신이 절실히 필요하다. 기업 또는 기업을 이끄는 리더들이 도전정신을 배울 수 있는 길은 많지만, 나는 '역사에서 배우기'를 추천한다. 카를 마르크스(Karl Marx)나 오스발트 슈펭글러(Oswald Spengler)가 주장한 것처럼 역사는 반복되거나 어떤 불변의 법칙에 따라 움직이지 않는다. 하지만 인류 역사의 다른 측면을 보면 오랜 세월 동안 거의 변치 않는 것도 있다. 가령 인간이나 인간의 행동과 관련해 한비자, 제갈공명, 마키아벨리, 칸트 그리고 괴테 같은 현인이 말한 내용은 예나 지금이나 대체로 들어맞는다. 그래서 과거의 사례에 비춰 해석하거나 현인의 지혜를 적절히 적용하면 현재와 미래에 일어나는 일과 관련해 귀중한 통찰을 얻을 수 있다. 이에 대해 덴마크의 실존철학자 키르케고르(Kierkegaard)는 다음과 같이 멋지게 표현한 바 있다.

"뒤를 돌아봄으로써만 삶을 이해할 수 있고, 앞을 내다봄으로써만 삶을 살아갈 수 있다."

이제 본격적으로 과거에 엄청난 시련에 부딪혔던 리더들은 어떤 도전정신을 발휘하여 그것을 극복했는가를 살펴보자.

율리우스 카이사르

기원전 49년 1월 12일 아침, 8년 동안 이어진 갈리아 전쟁에서 갈리아를 평정하고 게르만족을 몰아낸 로마의 영웅 율리우스 카이사르(Julius Caesar, 기원전 100~기원전 44)는 병사들과 함께 로마 본국과 키살피나 속주의 경계인 루비콘 강 앞에 서서 일생일대의 결단을 앞두고 있었다. 그는 닷새 전(기원전 49년 1월 7일)에 '갈리아 총독 카이사르의 로마 소환'을 골자로 하는 '원로원의 최종 권고'를 받은 상황이었다. 당시 카이사르는 통치체제를 두고 원로원과 날선 대립각을 세우고 있었다.

원로원파는 소수의 원로원이 주도하는 공화정의 견지를 주장했다. 그래서 현 체제를 무너뜨리고 새로운 질서를 수립하려는 카이사르를 어떻게 해서든 실각시키고자 했다. 반면 카이사르는 기원전 6세기 이후 이어져 온 공화정 체제가 초강국이 된 기원전 1세기의 로마의 현실에 적합하지 않으며 새로운 질서가 필요하다고 생각했다. 강을 건너는 것은 원로원파에 대한 명백한 도전이었다. 카이사르는 강을 건너면 자기 한 사람만 파멸할 것이고, 강을 건너지 않으면 로마 전체가 비참해질 것이라는 신념으로 마침내 자신의 군대를 이끌고 루비콘 강을 건너게 된다. 개혁을 추진하는 길을 택한 것이다.

이렇게 하여 카이사르와 폼페이우스가 이끄는 원로원파 사이에 내전이 시작되었다. 병사와 물자를 비롯한 모든 면에서 폼페이우스 진영이 압도적 우위에 있었으므로 카이사르는 내전 내내 우위를 점할 기회를 엿보고 있었다. 그리하여 기원전 48년 4월, 카이사르는 그리스 서북부에 있는 마을이자 폼페이우스군의 보급기지인 디라키움과 폼페이우스의 진영을 차단하는 작전에 착수한다. '디라키움 공방전'이라 불리는 중요한 싸움이 시작된 것이다. 그러나 단단한 준비에도 카이사르는 같은 해 7월 6일에 치른 가장 치열한 전투에서 패배하고 만다.

이것을 계기로 카이사르는 게임 방식을 바꿀 필요성을 절감하게 된다. 제해권을 쥔 폼페이우스군이 보급기지인 디라키움에 계속 머무르는 한, 싸움이 길어질수록 모든 것이 부족한 카이사르군에겐 불리, 이길 확률은 점점 멀어진다는 것을 깨달은 것이다. 카이사르는 단기간 내에 결판을 내야 한다는 생각에 이르렀다. 모든 것을 걸어야 하는 상황이었다. 그래서 그는 평원에 진을 치고 정면으로 맞붙는 회전(會戰) 형태의 전투, 그 단 한 번에 승부를 보기로 한다.

회전형 전투로 유인하기 위해 카이사르는 그리스 중부로 이동, 카이사르의 명령을 받아 테살리아 지방 북쪽의 아이기니움에서 남하한 도미티우스와 합류한다. 카이사르가 도미티우스와 합류한다면 폼페이우스는 테살리아에 있는 자신의 장인 메텔루스 스키피오의 군대가 공격받을 것이라고 생각할 터였다. 그러면 폼페이우스가 스키피오의 군대를 돕기 위해 그리스 중부로 움직일 것이라는 게 카이사르의 예상이었다.

그의 예상은 적중했다. 폼페이우스가 중부로 행군한 것이다. 폼페이우스의 움직임을 확인한 카이사르는 폼페이우스를 디라키움에서 더 멀리 떼어놓기 위해 계속 남동쪽으로 이동했다. 이동하면서 그 길목에 있던 도시, '곤피스'와 '메트로폴리스'까지 그의 계획에 협조하도록 만든 카이사르는 7월 29일, 드디어 회전을 펼칠 장소로 점찍어 둔 파르살로스 평원에 도착했다. 폼페이우스도 8월 1일 라리사(그리스 중부의 주)에서 지원군인 메텔루스와 합류한 뒤 그곳에서 남쪽으로 40킬로미터 떨어진 파르살로스 평원에 도착했다. 이렇게 폼페이우스를 유인하는 데 성공한 카이사르는 폼페이우스군을 격파했다. 자신이 이길 확률을 높이기 위해 게임 방식 자체를 바꾸는 혁신적인 작전으로 전쟁에서 승리한 것이다.

이순신

이순신은 임진왜란이 발발한 1592년 4월 14일 직후인 1592년 5월 초부터 전쟁이 끝나기 직전인 1598년 11월까지 모두 여덟 차례의 큰 해전을 비롯해 각종 해전을 치렀다. 당시 이순신은 900척 이상의 일본 함선을 격침하는 등 커다란 공을 세웠고 12만 명 이상의 일본군을 무찌르며 크게 활약했다.

모함을 받고 파직당하며 투옥, 사형 선고를 받는 온갖 역경 속에서도 묵묵히 소임을 다해 결국 이토록 화려한 전적을 거둔 이순신은 오늘날의 경영자들에게 주는 가르침 또한 남다르다.

우선 이순신은 끊임없이 정보를 수집, 현장 상황에 누구보다 밝았다.

사전에 꼼꼼한 현장답사로 남해안의 복잡한 지형과 조류를 훤히 꿰뚫었고 전쟁 중에는 피난민, 포로, 척후병, 정탐선 등을 통해 적의 규모와 동향, 이동 경로 등을 세밀히 파악했다.

첫 해전인 옥포해전에서 적을 가장 먼저 발견한 것은 앞쪽에 배치한 정탐선이었고, 한산해전에서의 승리도 '견내량(거제대교 아래쪽의 좁은 해협)에 70여 척의 일본 함선이 정박해 있다'는 정확한 정보가 있었기에 가능했다. 이순신이 치른 해전 중 가장 어려웠던 명량해전에서도 이순신은 사전에 깔아놓은 정보 수집망을 통해 일본 수군의 움직임을 상세히 알고 있었다.

둘째, 해전 장소를 주도적으로 선택했다.

한산해전에서 이순신은 좁은 견내량에 정박한 일본 함대를 한산도 앞 넓은 바다로 유인해 모조리 격파했다. 그곳은 조선 판옥선(板屋船)이 활동하기에 좋고 일본 수군이 육지로 헤엄쳐 도망칠 수 없는 곳이었기 때문이다. 노량해전에서는 노량의 물목을 해전 장소로 골랐다. 이순신 함대가 해상에서 봉쇄하고 있던 일본의 고니시 유키나가(小西行長) 부대를 구원하기 위해 일본 수군이 총출동했기 때문이다. 해상을 계속 봉쇄하고 있으면 앞은 고니시 부대에, 뒤는 구원하러 오는 일본 함대에 협공당할 우려가 있었다. 이순신은 일본의 구원부대가 움직인다는 소식을 듣자마자 봉쇄를 풀고 노량으로 향했다.

명량해전에서는 명량의 울돌목(물살이 크게 울며 빠르게 흐르는 좁은 물목이란 뜻으로 유리병의 목처럼 갑자기 좁아진 해로를 말한다)을 싸움터로 택했는데, 이에 대해 이순신은 "한 사람이 길목을 지키면 천 명도 두렵게 할 수 있다."라고 그 이유를 설명했다. 이는 한마디로 관운장이나 장비 같은 힘센 장수가 외나무다리를 지키면 수백 명도 당해낼 수 있다는 의미다. 적군이 아무리 많아도 외나무다리는 한 명씩 건널 수밖에 없기 때문이다. 이순신은 수적으로 열세인 조선 수군에게는 가장 유리하지만 수적으로 우세한 일본 수군에게는 가장 불리한 좁은 물목을 해전 무대로 삼은 것이다.

특히 명량해협 서북쪽은 조수가 대단히 빠르게 흐르고 최대 유속이 시속 40킬로미터 이상으로 일본 함대나 이순신 함대의 함선 속도보다 빨랐다. 여기에다 밀물과 썰물이 약 여섯 시간마다 바뀌어 흐르는데 물이 동에서 서로, 서에서 동으로 바뀔 때는 물의 흐름이 잠시 멈추지만 이후 30분마다 유속이 10킬로미터나 늘어난다. 따라서 물이 바뀐 뒤 두 시간이 지나면 다시 유속이 40킬로미터가 된다.

이 과정이 하루 네 번 반복되는 특수한 조건을 갖춘 곳이 바로 울돌목 근처였다. 밀물과 썰물 사이의 유속이 10킬로미터 이하인 시간은 한 시간 남짓인데, 이때는 배를 어느 정도 통제할 수 있지만 나머지 시간에는 배가 빠른 조수에 밀려간다. 이순신은 이 조건을 잘 활용하면 적의 공격을 막아 내는 것은 물론 오히려 역공을 펼칠 수도 있음을 알았다.

셋째, 적이 반격하기 어려운 곳을 공격했다.

울돌목의 빠른 조수와 좁은 물목 때문에 일본 수군은 어란포에 집결한 300여 척의 함선 가운데 133척밖에 투입하지 못했는데, 이들은 조수가 바뀌면서 큰 혼란에 빠졌다. 특히 그들은 좁고 험한 울돌목에서 서로 부딪혀 부서졌다. 이 기회를 틈타 조선 수군의 거북선과 판옥선은 적을 맹공격했고 커다란 승리를 거뒀다.

이순신은 모든 전투에서 '정보수집 → 인위적으로 유리한 상황 조성 → 아군 역량 총동원 → 적의 허점 집중 공략'이라는 일관성 있는 순서를 보여 주고 있다.

윈스턴 처칠

막강한 독일 나치군대가 프랑스, 네덜란드, 벨기에를 공격하기 시작한 1940년 5월 10일, 바다 건너 영국에서는 제2차 세계대전의 향방에 커다란 영향을 미칠 사건이 일어났다. 그동안 독일과의 유화 정책을 추구해 온 아서 네빌 체임벌린(Arthur Neville Chamberlain) 수상이 물러나고, 당시 66세이던 윈스턴 처칠(Winston Churchill, 1874~1965)이 대영제국의 수상이 된 것이다. 1936년 12월에 취임한 체임벌린 수상의 유화 정책은 히틀러를 더욱 대담하게 만들었을 뿐이다.

체임벌린의 가장 치명적인 실패작은 1938년 9월 30일 독일 뮌헨에서 열린 뮌헨회담이었다. 이탈리아의 무솔리니(Mussolini)와 프랑스의 달라디에(Daladier) 수상도 참석한 이 회담에서 체임벌린은 체코슬로바키아의 주데텐란트(Sudetenland)를 달라는 히틀러의 요구에 동의했다. 그는 히틀러의 요구를 들어주면 유럽의 평화를 지킬 수 있다고 믿은 것이다. 그러나 1년도 채 지나지 않은 1939년 9월 1일, 독일이 폴란드를 침공하면서 제2차 세계대전이 일어났고 체임벌린의 유화 정책은 수포로 돌아갔다.

반면 일찌감치 히틀러의 야욕을 간파한 처칠은 줄곧 영국 정부의 유약함을 비판해 왔다. 그가 취임할 당시 유럽의 상황은 암울하기 짝이 없었다. 폴란드와 덴마크, 노르웨이는 이미 독일군에 점령당했고 곧이어 네덜란드와 벨기에도 항복했다. 프랑스군과 프랑스에 파견된 영국군도 고전을 면치 못하고 있었다. 국민의 사기가 땅에 떨어질 대로 떨어진 그때 서둘러 조각(組閣)을 마친 처칠은 5월 13일 영국하원 본회의에서의 역사적인 연설에서 비장한 말을 남겼다.

"내가 바칠 수 있는 것은 피와 노력과 눈물과 땀뿐입니다."(I have nothing

to offer but blood, toil, tears, and sweat.)

잠시 무거운 침묵이 흐른 뒤 우레 같은 박수가 터져 나왔고, 결의에 찬 이 한마디는 영국 국민의 가슴에 깊이 새겨졌다. 그런데 처칠이 이 연설을 하고 6주도 채 지나지 않은 6월 22일, 프랑스가 독일에 무릎을 꿇었다. 영국이 홀로 독일과 맞서야 하는 상황이 된 것이다.

이듬해인 1941년 6월 독소전쟁이 발발하기 전까지 영국은 혼자 꿋꿋이 버텼다. 사실 이 기간에 히틀러는 영국과 협상하기를 원했다. 소련과의 전쟁 준비에 전념하고 싶었기 때문이다. 그러나 처칠은 독일과의 협상을 단호히 거부했다. 사실 처칠의 입장에서는 독일이 협상의 손을 내밀 때, 일고의 가치도 없다고 무시하기 쉬운 상황은 아니었다. 프랑스가 독일에 무릎을 꿇었고 소련이 아직 독일과 협조하고 있었으며 이 형세를 깨뜨려 줄 미국은 참전할 기미를 보이지 않았다. 영국이 승리할 가능성은 거의 없었다. 처칠은 히틀러의 과거 행태로 보아 이번 협상은 단순히 시간을 벌기 위한 계략일 뿐, 히틀러의 야욕은 사그라들지 않았음을 간파하고 단호하게 거부했다.

다른 한편으로 처칠은 영국의 힘만으로는 절대 독일을 이길 수 없다는 사실도 알고 있었다. 동맹국이 필요했던 그는 무엇보다 미국의 참전을 간절히 바랐다. 그래서 그는 미국의 프랭클린 루스벨트 대통령과의 관계에 각별히 공을 들였다. 특히 중대한 문제는 외무성을 통하지 않고 직접 편지를 보냈는데, 전쟁 기간 중에 처칠이 루스벨트에게 보낸 문서는 950통이고 루스벨트의 답장은 800통이 있다고 한다. 당시 고립주의적 정서가 팽배하던 미국을 전쟁에 끌어들이는 것은 결코 쉽지 않았다. 그래도 처칠은 루스벨트와 지속적으로 연락을 취하면서 착실히 신뢰를 쌓아 갔다. 그 노력의 결과, 1941년 2월 8일 영국의 전쟁 수행에 결정적 도움을 준 '무기대여법'이 미국 하원에서 통과되었다.

1941년 8월 처칠은 루스벨트를 직접 만나기 위해 프린스 오브 웨일스 호를 타고 대서양을 건넜다. 8월 14일 처칠과 루스벨트는 이 군함에서 여러 가지 중요한 일을 결정하고, 전쟁과 관련해 두 나라의 공동 목표를 제시한 대서양 헌장을 채택했다. 그렇지만 처칠은 루스벨트에게 전쟁에 참여하겠다는 약속을 얻어 내지 못했다. 미국은 같은 해 12월 일본 공군의 진주만 기습 공격을 당한 뒤에야 참전을 결정했다. 일본의 진주만 기습에 이어 미국의 참전 소식을 들은 처칠은 뗠 듯이 기뻐했다. 그는 태평양전쟁 발발 소식을 듣고 이렇게 외쳤다고 한다.

"이제 히틀러는 끝났다. 무솔리니도 끝났다. 일본은 으스러질 것이다. 이제 남은 일은 압도적인 힘으로 밀어붙이는 것뿐이다."

제2차 세계대전처럼 전면적이고 장기적인 전쟁에서는 전쟁을 지속할 수 있는 힘이 더 강한 나라가 궁극적으로 이기게 마련이다. 경제력 면에서 독일은 미국의 상대가 되지 못했다. 일본의 진주만 공습이 있고 나서 나흘 뒤인 1941년 12월 11일 히틀러가 미국에 선전포고할 때부터 독일의 패망은 이미 시간문제였다. 이 점을 미리 내다본 처칠은 진주만 공습 직후 전함 듀크 오브 뉴욕 호를 타고 대서양을 건넜다.

여기서 우리는 처칠이 전략적 중요도에 따라 얼마나 민첩하게 움직이고 또 능동적으로 대처했는가를 알 수 있다. 그는 미국과 캐나다에 약 3주 반을 머물며 전쟁 수행을 위한 여러 합의를 이끌어 냈다. 1941년 12월 26일에는 미국 의회에서 연설을 하고 루스벨트와의 관계를 더욱 돈독히 다진 덕분에 그는 헤어지는 자리에서 루스벨트에게 "저를 끝까지 믿으십시오."라는 말을 들었다.

하지만 독일의 패망을 위해 필요한 또 하나의 동맹국, 소련의 스탈린은 다루기가 쉽지 않은 상대였다. 그는 처칠이 '어떤 원조를 해줄 수 있는가'에만 관심이 있었고, 영국이 소련에 보내 준 무기에 대해 그다지 고마움을 표하지도 않았다. 여하튼 소련과의 동맹이 전략적으로 중요하다는 사실을 알고 있던 처칠은 스탈린과 꾸준히 소통하면서 관계를 다지기 위해 노력했다. 1943년 9월 21일 그는 영국 의회에서 연설할 때 다음과 같이 말했다.

"동맹 관계의 단점을 살필 때는 동맹 관계의 장점이 얼마나 뛰어난지 잊지 않아야 합니다."

힘든 전쟁 기간 내내 처칠이 보여 준 리더십은 이렇게 정리할 수 있다.

첫째, 독일 나치군대를 꺾는다는 가장 중요한 전략적 목표를 철저히 고수했다. 둘째, 미국을 끌어들이고 자신이 개인적으로 무척 싫어하는 스탈린과도 적극 협조하는 등 동맹국과의 관계에 세심한 주의를 기울였다. 이는 독일의 힘을 분산시키고 전쟁이 영국을 비롯한 연합군 측에 유리하게 전개되도록 하기 위함이었다. 셋째, 위기 때마다 의회나

방송에서 연설을 함으로써 국민과 소통했고 어려울 때 국민과 아픔을 같이하며 일관성 있게 희망과 용기라는 메시지를 전달했다.

카이사르, 이순신, 처칠, 이 세 인물이 처했던 구체적인 상황은 다르지만 그들이 모두 시련을 극복하고 목표를 이뤘다는 점에서 오늘날 우리에게 시사하는 바가 크다. 이 세 인물이 공통으로 가지고 있는, 눈여겨봐야 할 몇 가지를 짧게 정리한다.

첫째, 끈기 있게 인내했다.

카이사르, 이순신, 처칠 모두 아무리 어려워도 포기하지 않고 버텨냈다. 또한 인내함으로써 역경을 이겨 냈고 형편이 잘 풀릴 때는 조심했다. 미켈란젤로는 '천재란 영원한 인내'라 했다는데, 나는 이 말을 '도전정신은 영원한 인내'라고 바꿔 쓸 수 있다고 본다.

둘째, 자신에게 유리하게 게임 방식을 바꾸었다.

카이사르는 단기간 내에 결판을 내기 위해 회전을 택했고 이순신은 해전 장소를 주도적으로 선택했다. 처칠은 독일과의 전쟁 구도를 1:1에서 2:1 혹은 3:1로 바꾸기 위해 무던히 노력했다. 대표적으로 1941년 6월 독일이 소련을 침공하자 즉각 소련을 지지했고 일본이 미국을 공격하기 훨씬 전부터 미국을 끌어들이기 위해 애썼다.

게임 방식을 바꾸는 사례는 경영 세계에서도 낯설지 않다. 2007년 6월 애플은 최초의 스마트폰인 아이폰을 내놓아 노키아가 지배하고 있던 기존의 휴대전화 시장 구도를 깨뜨렸다. 이어 애플은 2010년

1월 일종의 태블릿PC인 아이패드를 내놓아 PC 시장을 뒤흔들었다. 한국에서는 90년대 중반 당시의 조선맥주가 '100퍼센트 지하 암반수로 만든 깨끗한 맥주'라고 주장하며 하이트맥주를 내놓아 오비맥주가 지배하던 경쟁 구도를 무너뜨렸다. 이처럼 현재의 시장 구도가 탄탄할 때는 게임 방식을 스스로 바꿔 남이 따라오게 만드는 접근 방식이 효과적이다.

카이사르, 이순신, 처칠 모두 정보수집과 축적 그리고 활용에 많은 힘을 기울였다. 전쟁이나 기업경영에서 정확한 정보의 중요성은 아무리 강조해도 지나치지 않다. 이들이 한결같이 보여 준 끈기, 새로운 게임 방식 설정, 정확한 정보에 바탕을 둔 상황 분석 등은 그대로 현대 경영자의 귀감이다.

자신과 타인을 대하는 태도는
달라야 한다

《채근담》은 명(明)나라(1368~1644) 시절 홍자성(洪自誠)이 16세기에 저술한 책으로 예로부터 실천적인 삶의 지침서로 널리 읽혔다. 채근담의 가장 큰 특색은 이 책이 유교·불교·도교의 가르침을 융합하고, 그것을 바탕으로 인생을 논하거나 처세의 길을 설파한다는 점이다. 즉, 중국인의 의식과 행동에 커다란 영향을 미쳐 온 세 가르침을 조합해 '어떻게 살 것인가'를 강설한다. 지극히 원숙한 인생의 경지에서 처세의 길을 가르쳐 주는 책으로 오늘날에도 그 효용이 아주 높다. 또한 채근담의 문장은 음미할수록 맛이 새로울 뿐만 아니라 모두가 아름답고 물 흐르는 듯하다. 나는 이 책이 험악한 경영 환경에 부딪히고 있는 경영자들에게는 적절한 조언을, 불황의 늪에서 벗어나지 못하고 있는 기업의 리더들에게는 위로와 격려를, 그리고 일이 잘 안 풀려 초조해하는 직장인들에게는 마음의 평온을 줄 것이라고 확신한다. 그러면 다음에서 그 가르침을 몇 개 뽑아보기로 한다.

인간관계를 원활히 하는 지혜

우리의 삶 전체에서 원만한 인간관계의 중요성은 아무리 강조해도 지나치지 않다. 인생은 갖가지 관계로 채워진다고 해도 지나친 말이 아니기 때문이다. 많은 사람을 이끌고 대하는 리더에게는 더욱 중요하다. 이처럼 중요한 인간관계와 관련해《채근담》은 다음의 가르침을 주고 있다.

작은 길이나 좁은 곳에서는 한 걸음만 멈춰 다른 사람이 먼저 지나가게 하고, 맛 좋은 음식은 10분의 3만 덜어내 다른 사람이 맛보게 하라. 이것은 세상을 안락하게 살아가는 최상의 방법 중 하나다. 전집 제13장

사람의 마음은 변하기 쉽고 인생행로는 험난하다. 가기 어려운 곳에서는 모름지기 한 걸음 물러서는 법을 알아야 하고, 쉽게 갈 수 있는 곳에서는 힘써 10분의 3의 공(功)을 양보해 나눠 주어야 한다. 전집 제35장

이처럼《채근담》은 상대방에게 먼저 한 걸음 양보하는 마음가짐을

강조한다. 이것은 이른바 '겸양의 미덕'으로 양보해서 잃는 것보다 그 보답으로 얻는 것이 훨씬 더 크다는 다음의 철학을 바탕으로 한다.

세상살이에서 한발 양보하는 것을 높게 여기고 한 걸음 물러나는 것은 곧 스스로 전진하는 토대가 된다. 사람을 대할 때는 가급적 관대해야 복이 되며 남을 이롭게 하는 것은 실로 자신을 이롭게 하는 토대가 된다.

전집 제17장

《채근담》에는 대승불교의 핵심 가르침인 '자리이타'(自利利他), 즉 남을 이롭게 함으로써 자신을 이롭게 한다는 사상이 거의 그대로 투영되어 있다. 아래의 구절을 보자.

일마다 어느 정도 여유를 갖고 약간 절제하는 태도로 임하라. 그러면 사람은 말할 것도 없고 귀신도 나를 해치지 못한다. 일을 꼭 달성하기를 바라고 공(功)이 반드시 가득 차기를 바란다면, 안에서 변이 일어나지 않으면 반드시 밖에서 우환이 생기게 마련이다.

전집 제20장

허물은 마땅히 남과 함께해야 하지만 공(功)은 마땅히 남과 함께하지 말아야 한다. 공을 남과 함께하면 서로 시기하게 된다. 괴로움은 남과 함께해야 하지만 안락은 남과 함께하지 말아야 한다. 안락을 함께하면 서로 원수가 된다.

전집 제141장

이렇게 무슨 일에서든 마음과 힘의 여유를 찾고 실패의 책임 및 고난은 남과 같이하되 공적은 상대에게 돌리고 안락도 상대에게 더 주는 게 좋다는 것이 《채근담》의 가르침이다. 다시 말해 《채근담》은 줄기차게 양보의 미덕을 가르치며 대가를 바라는 양보는 아무런 공덕이 되지 않는다는 점을 강조한다.

> 은혜를 베푸는 사람이 생색을 내지 않고 감사를 기대하는 듯한 태도를 보이지 않으면, 한 말의 곡식도 만석(萬石)의 은혜가 된다. 그러나 남에게 이익을 베푼 사람이 그 은혜를 계산하고 대가를 요구하면 비록 천 냥의 돈일지라도 한 푼의 값어치도 기대하기 어렵다.　　　　　전집 제52장

이렇듯 《채근담》이 알려 주는 노련한 처세법을 더 살펴보자.

> 간악한 무리를 제거하고 아첨하는 무리를 막으려면 그들에게 도망갈 길 하나를 터주어야 한다. 만일 도망갈 길마저 빼앗아 버리면 그것은 쥐구멍을 틀어막은 것과 같다. 퇴로가 모두 막히면 그들은 소중한 것을 물어뜯을 것이다.　　　　　전집 제140장

상대방을 지나치게 몰아붙이지 않는 것도 '한발 양보하는' 지혜 중 하나다. 이렇듯 《채근담》에서 가르치는 인간관계 관리의 첫 번째 요건은 '대가를 바라지 않는 한발 양보'다.

다른 사람에게 너그러워라

《채근담》에 따르면 인간관계를 원만하게 해주는 두 번째 지혜는 관용, 즉 너그러움이다.

사람의 잘못을 꾸짖되 지나치게 엄격하지 마라. 그가 받아들일 만한가를 생각해야 한다. 사람을 가르치고 지도할 때는 너무 많은 것을 기대하지 마라. 상대방이 실행할 수 있는 범위 내에서 만족해야 한다. 　전집 제23장

다른 사람의 작은 잘못을 꾸짖지 말고, 다른 사람의 개인적인 비밀을 폭로하지 말며, 다른 사람의 지난 잘못을 마음에 간직하지 마라. 이 세 가지를 실행하면 자신의 인격을 높일 뿐 아니라 다른 사람의 원한을 사는 일도 없을 것이다. 　전집 제105장

남의 단점은 가능하면 덮어 주어야 한다. 만일 그것을 들춰내 다른 사람에게 알리면 이는 단점으로 단점을 공격하는 셈이다. 완고한 사람은 참을성 있게 타이르고 깨우쳐 주어야 한다. 만일 성내고 그를 미워하면 이는 완고함으로 완고함을 조장하는 셈이다. 　전집 제121장

《채근담》에서는 한결같이 사람을 대할 때는 상대를 배려하는 한편 너그럽고 유연하게 대처하라고 타이른다. 더불어 관용은 도량 혹은 포

용력과도 관련이 있음을 말한다. 다음을 보라.

더러운 땅에는 초목이 많이 자라지만 맑은 물에는 늘 고기가 없다. 그러므로 군자는 마땅히 때 묻고 더러운 것도 받아들이는 아량을 지녀야 하며 지나친 결벽은 피하는 것이 좋다. 전집 제76장

몸가짐은 지나치게 맑거나 깨끗하지 않고 모든 욕됨과 더러움을 받아들일 수 있어야 한다. 남들과 교제할 때는 싫어하는 혹은 좋아하는 감정을 지나치게 드러내지 않고 어떤 유형의 사람도 포용할 수 있어야 한다. 전집 제188장

이러한 마음가짐은 누구에게나 바람직하지만, 특히 큰 조직을 이끄는 리더에게는 꼭 필요한 자질이다. 조직원들의 신망과 존경을 얻을 수 있기 때문이다. 또한 관용은 때에 따라 지나치게 서둘지 않고 여유롭게 차분히 대처하는 것을 뜻하기도 한다.

너무 조급히 사정을 알아내려 하면 오히려 더 알 수 없게 되는 경우가 있다. 그럴 때는 느긋한 마음으로 자연히 밝혀지기를 기다리는 편이 낫다. 무리하게 몰아세워 남의 분노를 사면 안 된다. 사람을 쓸 때도 고분고분하지 않은 상대방을 만나면 어떤 때는 당분간 두고 보면서 그가 스스로 달라지는 것을 기다리는 편이 낫다. 지나치게 간섭해 점점 더 외고집으로 만들면 안 된다. 전집 제153장

모든 것이 급박하게 돌아가는 경영 현장에서 리더 또는 경영자가 《채근담》의 가르침을 곧이곧대로 따르기는 어렵다. 그러나 '느긋한 기다림'이라는 형태의 관용이 훌륭한 리더의 요건 중 하나라는 사실은 많은 사람이 공감할 것이다.

한편 《채근담》은 '관용'이 가진 양면성에 대해서도 설파한다. '남에 대한 너그러움'과 '자신에 대한 엄격함'을 구분할 필요가 있다는 것이다.

남을 꾸짖을 때는 과실을 지적하는 동시에 잘못이 없던 부분을 찾아내 좋게 얘기하라. 그러면 상대방도 불만을 품지 않는다. 자신을 꾸짖을 때는 잘한 것 가운데에도 잘못은 없었는지 스스로 엄격히 따져 냉혹하게 채찍질해야 한다. 그리하면 덕이 자라난다.   전집 제221장

남의 과오는 용서하되 자기의 과오는 용서하면 안 된다. 자신의 역경은 마땅히 참아야 하지만 다른 사람의 어려움은 참아서는 안 된다.   전집 제168장

이처럼 《채근담》은 리더가 부하를 책망할 때 어떤 태도를 취해야 하는가, 동시에 남에게는 너그럽고 자신에게는 엄격해야 함을 일깨워 주고 있다.

균형감각을 키워라

한국인은 감성이 풍부한 민족이다. 그래서인지 무엇이든 다소 지나치게 하는 경향이 있다. 그러나 예로부터 현인들은 지나친 것을 경계하고 적당한 선에서 균형을 잡는 것을 중시해 왔다. 그들이 과도한 행동을 경계하는 까닭은 무엇일까? 첫 번째는 무엇이든 지나치면 오래 지속되지 않기 때문이고 두 번째는 주위의 눈과 반발을 두려워하기 때문이다. 《채근담》에도 이런 생각이 담긴 글이 나온다.

> 벼슬은 너무 높이 올라가지 않는 것이 좋다. 벼슬이 지나치게 높아지면 위태롭다. 재능은 적당히 발휘하는 편이 낫다. 지나치게 드러내면 쇠퇴하고 만다. 품행은 너무 고상하지 않아야 한다. 너무 고상하면 비난이 일어나고 헐뜯음을 당한다.
>
> 전집 제137장

이렇게 지나치거나 부족함 없이 균형 잡힌 상태를 '중용의 미덕'이라고 한다. 《채근담》의 곳곳에서도 중용의 미덕에 관한 언급을 찾을 수 있다.

> 마음이 두터운 사람은 자신과 남에게 후하고 이르는 곳마다 활수(滑手) 좋게 행동한다. 마음이 말쑥한 사람은 자신과 타인에게 박하고 무슨 일을 하든 깔끔하게 처리한다. 그러므로 군자는 항상 즐기고 좋아하기를 지나

치게 후하고 활수 좋게 하지 않아야 하며, 또한 지나치게 산뜻하고 박하게
하지도 않아야 한다.   전집 제41장

이상은 높되 어디까지나 현실에 바탕을 두어야 한다. 마음은 치밀하되 자
질구레한 일에 얽매여서는 안 된다. 취미는 맑고 깨끗하되 지나치게 말쑥
해서는 안 된다. 지조는 엄격히 지키되 과격해서는 안 된다.   전집 제81장

청렴결백하면서도 도량이 넓고 인자하면서도 결단력이 뛰어나다. 총명하
면서도 남의 흠을 들춰내지 않고 강직하면서도 지나치게 따지지 않는다.
이야말로 꿀을 발라도 너무 달지 않은 음식이요, 짜지 않은 해산물이라 하
겠다. 이것이 곧 아름다운 덕이다.   전집 제83장

이상적인 상태는 모두 극단에 흐르지 않고 균형을 잡는 것이다. 인
생의 쾌락에 대해서도 마찬가지다. 즉, 지나치게 즐거움을 추구한 나머
지 그것에 빠지면 안 된다.

입에 좋은 음식은 장(腸)을 문드러지게 하고 뼈를 썩게 하는 독약이니 반
쯤에서 그쳐야 재앙이 없다. 마음에 유쾌한 일은 모두 몸을 망치고 덕을
잃게 하는 원인을 제공하니 반쯤에서 그쳐야 후회가 없다.   전집 제104장

손님과 벗이 구름처럼 모여들어 진탕 술을 마시며 즐기다가 이윽고 시간

이 다하면 향불이 꺼지고 차(茶)도 식어 버린다. 그러면 어느새 즐거움은 온데간데없고 흐느껴 울고 싶을 정도로 쓸쓸한 생각이 든다. 세상 모든 일이 다 이와 같거늘 사람은 어찌하여 적당한 때에 그치지 않는 것일까?

후집(後集) 제10장

꽃은 반만 피었을 때 보고 술은 조금만 취하도록 마시면 그 가운데 최고의 정취가 있다. 꽃이 활짝 피고 술에 흠뻑 취하면 곧 추악한 경지에 이르는 법이니 번창하고 있는 사람은 마땅히 이를 생각해야 한다.　　후집 제122장

균형감각과 중용을 중시하는 삶의 태도에는 깊고 그윽한 맛이 있으며, 인생을 열심히 살아온 달인(達人)의 울림이 있다. 이런 태도가 조직과 기업을 이끌어 가는 데에도 큰 도움이 되는 것은 말할 것도 없다. 예를 들어 《채근담》은 "나아갈 때는 물러날 것을 생각하자."며 다음과 같이 말하고 있다.

한 걸음 나아갈 때 문득 한 걸음 물러날 것을 생각하면, 마치 뿔이 울타리에 처박혀 오도 가도 못하는 양처럼 꼼짝할 수 없는 재앙에 떨어지지 않는다. 손을 댈 때 먼저 손뗄 것을 생각하면 마치 호랑이 등에 올라탄 사람처럼 옴짝달싹 못하는 위험을 피할 수 있다.　　후집 제29장

이 말은 언뜻 현대 경영학의 전략론에서 말하는 '선택과 집중'에 어

긋나는 듯 보인다. 하지만 기업은 자사의 전략적 경쟁우위를 최대한 발휘할 수 있는 분야를 선택해 그곳에 집중적으로 자원을 투입하되, 반드시 그에 따르는 위험을 고려해야 한다. 다시 말해 현재 추진하는 전략이 소기의 성과를 올리지 못할 경우를 대비한 비상계획(contingency plan)이 있어야 한다. 설령 전략이 실패하더라도 기업이 지속적으로 생존하고 성장할 방안은 늘 갖고 있어야 한다. 《채근담》은 이러한 균형감각을 요구한다. 또한 다음과 같이 지극히 현실적인 조언도 하고 있다.

> 기분에 들떠 가벼이 승낙하지 말고 술 취한 기분에 성내지 마라. 유쾌함에 들떠 일을 많이 벌이지 말고 싫증난다 하여 끝내기 전에 그치지 마라.
>
> 전집 제216장

비록 듣기에 거북할 수도 있지만 균형감각과 중용은 이처럼 신중하고 안전한 의사결정 및 생활 방식을 지향한다.

역경을 이기는 마음가짐

진(晉)나라의 양고 장군은 "세상에는 뜻대로 되지 않는 일이 늘 7, 8할은 된다."고 한탄했다지만, 사실은 대다수가 7, 8할이 아니라 10할 가까이 일이 생각대로 풀리지 않는다고 생각한다. 《채근담》은 이처럼 원하는 대로 흘러가지 않는 삶에서 무엇보다 필요한 것은 '참고 견디는 것'이라고 가르친다.

옛말에 이르기를 '산에 오를 때는 비탈진 험한 길을 참고 견디고, 눈을 밟을 때는 위험한 다리를 참고 견디라'고 했으니, 여기서 '견딜 내'(耐) 한 글자에는 지극히 깊은 뜻이 있다. 만일 이 험악한 인정(人情)과 험난한 세상에서 '내 자' 한 글자에 의지해 살아가지 않는다면 어찌 가시덤불과 구렁텅이에 빠지지 않을 수 있겠는가?   전집 제182장

한마디로 자신에게 늘 '참고 견디라'고 타이르며 살아가라는 말인데, 우리의 삶이 참고 견뎌야 하는 일뿐이라면 별로 재미가 없을 것이다. 대체 무엇을 위해 참아야 하는 것일까? 이에 대한 중국인의 생각은 이렇다.

'행복과 불행은 순환한다. 설사 지금 힘들지라도 언젠가는 좋은 시절이 오므로 지금은 자신을 달래 가며 참아야 한다. 미래의 희망을 품고 있으면 현재의 어려움을 충분히 참고 견딜 수 있지 않을까? 반대로 지금 일이 잘 풀리고 있더라도 언제 어디서 시련의 구렁텅이에 빠질지 모른다. 따라서 좋은 시절일수록 긴장을 늦추지 말고 한층 더 신중한 태도로 매사에 임해야 한다.'

다음의 글이 보여 주듯 《채근담》도 이러한 순환 사상을 담고 있다.

쇠퇴하여 쓸쓸한 모습은 곧 번성함 속에 있고, 생장의 움직임은 곧 시듦

속에 있다. 그러므로 군자는 편안할 때 마음을 굳게 지킴으로써 후환을 염려해야 하고, 어려움을 당해서는 마땅히 굳게 백 번을 참음으로써 성공을 도모해야 한다.

전집 제117장

하늘의 뜻은 헤아릴 길 없어 눌렀다가는 펴고 폈다가는 다시 누르는데 모든 영웅과 호걸이 그것에 휘둘린다. 그러나 군자는 역경이 와도 이를 순리로 받아들이고 평온할 때도 위험한 때를 생각하기 때문에 하늘이 그 재주를 부릴 수 없다.

전집 제68장

살다 보면 누구나 운이 없는 때를 만나기도 하고 뜻밖의 역경에 부딪히기도 한다. 그럴 때는 마음을 단단히 먹고 오로지 참고 견뎌야 한다. 그런 시련의 시기야말로 나 자신이 성장하고 더 높이 날아오를 준비를 할 수 있는 절호의 기회다.

역경과 곤궁은 호걸을 단련하는 하나의 도가니와 망치다. 능히 그 단련을 받으면 몸과 마음이 강건해지고, 그 단련을 받지 않으면 몸과 마음이 약해져 큰 그릇으로 자라지 못한다.

전집 제127장

역경에 처하면 주변의 모든 것이 좋은 약이 되고, 자신도 모르는 사이에 절조와 행동이 단련된다. 만사가 잘 풀릴 때는 눈앞의 모든 것이 흉기가 되고 살이 녹고 뼈가 깎여도 깨닫지 못한다.

전집 제99장

역경을 좋은 약으로 알고 자신을 연마하라는《채근담》의 가르침을 익힌 리더는 시련이 닥쳐도 허둥거리지 않고 소란을 피우지도 않으며 의연하게 대처한다. 어려운 상황이 닥쳤을 때 우리가 반드시 피해야 할 것은 마음마저 인색해지는 것, 안달하며 초조해하는 것 그리고 발버둥을 치며 돌아다니는 것이다. 이런 마음가짐으로는 역경에서 벗어나기는커녕 오히려 그것에 더 깊이 빠지고 만다.《채근담》은 역경에 처하면 차분히 힘을 축적하면서 기회를 기다리는 것이 더 바람직하다며 말하고 있다.

오래 엎드린 새는 반드시 높이 날며 먼저 핀 꽃은 홀로 먼저 시든다. 이 이치를 알면 발을 헛디딜 근심을 면하고 초조한 마음을 없앨 수 있다.

후집 제77장

경영자가 이런 마음가짐으로 기업을 이끌면 그 기업은 장수할 가능성이 크다.

일상에서의 끊임없는 수양

《채근담》은 설득력 있는 지도자가 되려면 평소에 끊임없이 자신을 단련해야 한다고 가르친다. 즉, 일상에서의 끊임없는 수양을 리더의 주요 자격 요건으로 보는 것이다.

바쁜 가운데 한가함을 취하려면 모름지기 먼저 한가할 때 마음의 자루를 꽉 잡아 두고, 시끄러움 가운데 고요함을 취하려면 마음의 주인을 세워 두라. 그렇지 않으면 마음이 경우에 따라 변하고 일에 따라 흔들리지 않을 수 없다.

전집 제184장

이 말은 평소에 정신을 단단히 단련해야 망중한(忙中閑)과 동중정(動中靜)을 얻는다는 의미다. 그러면 어떻게 해야 자신을 잘 단련할 수 있을까? 《채근담》은 먼저 주변 환경의 중요성을 언급한다.

귀로는 항상 귀에 거슬리는 말을 듣고 또 일이 뜻대로 되지 않아 마음을 쓴다면, 이야말로 덕과 행실을 갈고닦는 숫돌이다. 만일 말마다 귀를 기쁘게 해주고 일마다 마음을 흡족하게 해준다면, 이야말로 자신의 삶을 독약 속에 묻어 버리는 것과 같다.

전집 제5장

공자의 일화를 비롯해 제자들과의 문답을 정리한 《공자가어》(孔子家語)에 보면 "좋은 약은 입에 쓰지만 병에는 이롭고, 충고의 말은 귀에 거슬리지만 행실에는 이롭다."라는 말이 나온다. 또한 불교의 《보왕삼매론》(寶王三昧論)에도 "일을 꾀하되 쉽게 되기를 바라지 마라. 일이 쉽게 되면 뜻을 경솔한 데 두게 되나니. 그래서 성인이 말씀하시되 '여러 겹을 겪어 일을 성취하라' 하셨느니라."라는 구절이 있다. 이것은 일이 잘 풀리면 사람이 거만해지기 쉬워 오히려 수행에 방해가 된다는 가르침인데,《채근담》에도 거의 똑같은 말이 있는 것이다.

또 다른 리더의 요건은 서둘거나 초조해하지 않고 심리적 여유 속에서 착실히 한 걸음씩 나아가는 자세다. 다음의 문장을 보자.

> 마음 수양은 마땅히 쇠를 백 번 단련하듯 해야 하며 급히 이룬 것은 깊은 수양이 아니다. 일의 실행은 마땅히 무거운 화살을 쏘듯 해야 하며 가벼이 쏘면 큰 성과를 기대할 수 없다.
>
> 전집 제191장

> 복숭아꽃, 오얏꽃은 비록 곱지만 어찌 저 푸른 소나무와 잣나무의 곧은 절개만 하랴. 배와 살구는 비록 달지만 어찌 노란 유자와 푸른 귤의 맑은 향기만 하랴! 진실로 알겠도다! 곱고 일찍 시드는 것은 담박하고 오래감만 못하며 일찍 빼어남은 늦게 이룸만 못함을.
>
> 전집 제224장

'대기만성'(大器晚成)이란 말은 원래《노자》(老子)에 나오는데, 이처럼《채근담》도 착실히 정진을 거듭해 늦게 큰 그릇이 될 것을 권한다. 사람은 누구에게나 장점과 단점이 있다. 자신을 닦는다는 것은 한편으로는 장점을 더욱 키워 가면서 다른 한편으로는 단점을 보완하려는 노력을 게을리하지 않는 것을 말한다.

그런 의미에서 다음의 글은 좋은 참고가 된다.

> 절의(節義)가 있는 사람은 온화한 마음을 길러야 비로소 분쟁의 길을 열지

않고, 공적이 있어 이름이 널리 알려진 사람은 겸양의 미덕을 갖춰야 세상 사람의 시샘을 받지 않는다.

전집 제212장

처음부터 이상적인 리더는 없다. 《채근담》이 매일 꾸준히 노력하며 한 걸음씩 더 높은 곳으로 나아가야 함을 곳곳에서 강조하는 이유가 여기에 있다.

작은 일에도 물샐틈없고, 남이 보지 않는 일도 속이거나 숨기지 않으며, 실의(失意)를 당해도 자포자기하지 않으면 이야말로 진정한 영웅이다.

전집 제114장

배우는 사람은 한편으로는 조심하는 마음을 지녀야 하고 또 한편으로는 탁 트인 활달한 멋을 지녀야 한다. 만일 오로지 조심하고 단속만 해서 결백하기만 하면 여기엔 쌀쌀한 가을의 살기(殺氣)만 있고 따스한 봄의 생기가 없는 것이니, 어찌 만물이 자라게 할 수 있겠는가?

전집 제61장

이 모든 조건을 갖춘 리더가 되는 것은 결코 쉬운 일이 아니다. 하지만 《채근담》이 일러 주는 이상적인 리더, 지도자가 되기 위해 부단히 수행하고 정진하는 것은 그 자체만으로도 큰 가치와 의미가 있으며 궁극적으로 반드시 노력의 과보(果報)를 받는다.

널리 의견을 구하되
결정은 리더의 몫이다

기원전 202년 한(漢) 왕조를 세운 유방(劉邦)은 상대방을 포용할 줄 아는 그릇이 큰 인물이었다. 기원전 247년 지금의 강소성에 있는 패현(沛縣)에서 이름 없는 농민의 아들로 태어난 그는 젊은 시절에 백성과 관련된 일을 싫어했다고 한다. 그는 주로 협객들과 어울렸는데 시간이 흐르면서 동료들에게 인정받는 사람으로 성장했다. 그 덕택에 그는 사수(泗水)라는 마을의 하급관리인 형장(亭長)으로 부임했다. 그 시절의 유방은 협객 출신답게 술과 여자를 무척 좋아했다. 만일 그가 계속 평화로운 시대에 살았다면 아마 고을의 우두머리로서 평범한 삶을 살았을 것이다.

그러던 유방은 진(秦)나라 말의 격동기에 졸지에 반란군의 지도자로 떠올랐다. 그의 고향 패현에서 반란을 일으킨 사람들이 그를 리더로 추대했기 때문이다. 처음에 유방은 세 차례나 거절했지만 마지못해 결국 중책을 떠안았다. 그래도 유방의 군대는 꾸준히 세력을 키워 갔고 마침내 항우(項羽)군과 더불어 양대 세력을 형성했다.

기원전 206년 유방이 진나라의 수도 함양(咸陽)에 맨 먼저 입성해 진나라를 멸망시키자 당시 패왕(覇王)으로서 천하를 호령하던 항우에 의해 한나라의 왕으로 책봉되었다. 그 이듬해에 유방은 항우의 영도(領導)에 반기를 들었고 두 사람은 천하를 두고 큰 싸움에 돌입했다.

유방과 항우의 대결은 3년 남짓 이어졌다. 그 기간 동안 전반에는 항우 쪽이 압도적으로 우세했다. 유방은 싸울 때마다 패해 전선을 유지하는 것조차 힘겨울 정도였다. 실제로 항우는 몇백 년에 하나 나올까 말까 한 걸물이었다고 한다. 특히 그는 전투에 강했는데 그 능력만 놓고 말하면 유방은 항우의 발끝에도 미치지 못했다. 유방이 초기에 고전을 면치 못한 이유가 여기에 있다.

그런데 이들의 대결이 후반에 접어들면서 차츰 형세가 역전되기 시작했다. 항우 진영은 피로의 빛이 역력한 반면 유방의 군대는 원기를 회복해 갔다. 결국 기원전 202년 12월 유방의 군대는 해하(垓下)에서 항우군을 사면초가 상태에 몰아넣었다. 항우는 죽을힘을 다해 포위망을 뚫고 장강(=양자강) 북쪽 강변에 있는 오구(烏口)까지 도주했다. 그곳에서 강만 건너면 그의 고향 강동(江東)지방이라 주위에서 강동으로 돌아가 재기하자고 제안했지만 항우는 그곳에서 자결했다. 이렇게 유방과 항우의 대결은 유방의 역전승으로 끝났다.

어떻게 번번이 지기만 하던 유방이 마침내 승리할 수 있었을까?

첫째, 후방을 지킨 재상 소하(蕭何)가 보급을 확실히 챙겼다. 그래서 유방은 패배를 거듭했음에도 불구하고 다시 일어섰다.

둘째, 충신 장량(張良)의 진언대로 장기적인 관점에서 항우에 대한 포위망을 구축했다. 이것이 권투에서 말하는 보디블로(body blow), 즉 상대방의 배와 가슴 부분을 치는 것과 비슷한 효과를 발휘해 적군의 체력을 소모시켰다.

하지만 이러한 이유보다 훨씬 더 큰 성공요인은 유방 자신의 그릇이 컸다는 점이다. 유방은 다음과 같이 말하고 있다.

"내게는 장량, 소하, 한신(韓信)이라는 세 걸물이 있었다. 나는 이 세 걸물을 잘 다루었고 그것이 내가 승리한 요인이다. 항우에게는 범증(范增)이라는 뛰어난 참모가 있었지만 그 한 사람조차 제대로 쓰지 못했다. 이것이 그가 내게 진 이유다."

장량은 본부에서 유방의 승리에 크게 기여한 작전 참모로 현대 기업으로 말하자면 뛰어난 기획 담당 임원이다. 후방의 살림을 꾸리며 전선에 있는 유방에게 군사와 물자를 보급한 소하는 빼어난 총무 담당 임원이다. 군대 지휘를 맡기면 백만 대군을 자유자재로 움직인 용병의 천재 한신은 걸출한 영업 담당 임원이다.

이들 각자의 능력만 놓고 보면 세 사람은 모두 유방보다 낫다. 유방 자신도 그 사실을 인정했다. 그러나 유방은 자신보다 더 나은 사람의 능력을 끌어내 활용할 줄 아는 리더였다. 자신보다 못한 사람을 다루는 것은 누구나 할 수 있지만 자신보다 더 뛰어난 부하를 멋지게 부리는 것은 결코 쉬운 일이 아니다.

이러한 유방의 됨됨이를 역사서에서는 한마디로 '관'(寬)이라 평한다. 너그럽다는 뜻의 '관'은 관용, 관대, 포용력으로 그는 특히 부하 통솔법에서 이러한 성품을 잘 드러냈다.

유방이 부하를 다루는 법에는 무엇보다 두드러진 특징이 있었다. 그것은 유방이 부하의 의견에 귀를 기울였다는 점이다. 유방은 자신이 먼저 나서서 지시하거나 명령하지 않았고 큰 문제가 생기면 으레 부하들의 의견을 들었다. 부하가 이런저런 대책을 말하면 차분히 귀를 기울인 다음 '좋다. 그렇게 하자'고 결단을 내리는 것이 유방의 의사결정 방식이었다. 또한 이것은 그 유명한 한비자(韓非子)가 권하는 방식이기도 하다.

뛰어난 임금은 지혜가 있는 신하에게 대책을 가다듬게 하고 자신이 그 위에 서서 결단을 내린다. 고로 그는 지혜가 부족해서 곤란을 겪는 일이 없다.(明君之道 使智者盡其慮 而君因以斷事. 故君不窮於智)　《한비자》〈왕도〉(王道)

한비자는 뛰어난 지도자의 조건으로 두 가지를 들고 있다.

하나는 부하들의 의견을 널리 구하고 그것을 정책에 반영하는 일이다. 다른 하나는 실행할 것인가 말 것인가의 결단을 남에게 맡기지 않고 스스로 내리는 것이다. 유방은 한비자가 말하는 뛰어난 지도자의 두 가지 요건을 모두 갖추고 있다.

또한 유방은 부하들에게 성공에 대한 보수를 듬뿍 안겨 주었다. 어쨌든 고대의 전쟁이므로 이기면 막대한 전리품이 생기게 마련이다. 유방은 전리품에서 동전 한 푼 챙기지 않았고 모두 공을 세운 부하들에게 나눠 주었다고 한다.

부하들의 입장에서 유방이 자신의 말을 잘 경청해 주고 성공하면 보수를 듬뿍 안겨 주니 얼마나 좋았겠는가. 누구라도 충성할 마음이 생기지 않았을까? 이런 방식으로 유방은 부하들이 능력을 마음껏 발휘하게 했고 그것은 조직의 힘으로 이어졌다. 이것을 그의 인간적인 매력으로 봐도 좋다.

《논어》에는 유방의 특징인 '관'과 관련해 다음과 같은 말이 나온다.

너그러우면 여러 사람을 얻는다.(寬卽得衆)　　　《논어》 제17장 〈양화〉(陽貨)

'관즉득중'은 관대하고 관용이 있는 지도자는 사람들의 지지를 받는다는 말인데, 유방도 이 말을 으뜸으로 삼아 천하를 손안에 넣었다. 앞에서 언급했지만 관대와 관용은 타인에게 보일 뿐이고 자신에게는 오히려 엄격해야 한다. '인생의 책'으로 불리기도 하는 《채근담》의 한 구절을 다시 떠올려 보자.

남의 과오는 마땅히 용서해야 하지만 자신의 과오는 용서하면 안 된다. 자
신의 곤욕은 마땅히 참아야 하지만 남의 곤궁은 참아서는 안 된다.

《채근담》전집 제168장

리더에겐 마음 씀씀이도
경쟁력이다

중국 삼국시대 때 오(吳)나라를 이끈 손권(孫權)의 부하 가운데 여몽(呂蒙)이라는 장군이 있었다. 전투에 매우 능한 그는 진급을 거듭해 장군의 지위까지 오른 사람이었다. 하지만 집안이 몹시 가난해 젊었을 때 공부할 여유가 없다 보니 아쉽게도 학문적 교양이 없었다.

중국에는 옛날부터 지도자다운 지도자는 반드시 학문적 교양을 갖춰야 한다는 사상이 널리 퍼져 있었다. 아무리 전쟁을 잘하고 정치적 수완이 뛰어난 사람도 학문적 교양이 없으면 경멸당했는데, 이는 여몽도 마찬가지였다.

어느 날 여몽을 부른 손권은 무엇보다 역사를 공부하라고 권했다. 손권이 여몽에게 추천한 도서목록에는 《손자병법》을 비롯한 병법서와 《사기》(史記) 등의 역사서가 들어 있었다. 여몽이 장수이므로 병법서를 권하는 것은 그렇다 쳐도 손권이 역사서까지 권한 까닭은 무엇일까? 이는 역사야말로 지도자에게 꼭 필요한 통찰력과 선견지명을 익히는 데 더할 나위 없는 길잡이기 때문이다. 아무튼 여몽은 역사를 열심히 공부해 힘으로 싸우는 장수에서 머리, 즉 지략으로 싸우는 전략가로 멋지게 변신했다.

이토록 역사를 중요시한 중국인은 예로부터 엄청난 양의 역사서를 편찬해 왔다. 그중 《사기》는 중국의 왕조 역사를 기록한 이른바 정사(正史) 가운데 가장 일찍 쓰인 책이다. 한(漢)나라의 사마천(司馬遷)이 저술한 이 책은 전설상의 황제(黃帝)시대부터 은(殷), 주(周), 춘추전국시대, 진(秦), 한나라 초기까지 천 년 이상에 걸친 고대 역사를 기술하고 있다. 사마천은 이 방대한 역사서에서 위로는 왕후 귀족, 아래로는 일반 백성을 비롯해 무뢰한에 이르기까지 수많은 인간 군상의 이야기를 서술했다.

《사기》는 다양한 인물들이 광대한 중국 대륙을 무대로 펼치는 거대한 서사시로 지금 읽어도 무척 재미있다. 특히 이 책은 흥망성쇠의 역사를 만든 각 나라의 지도자와 부하들의 모습을 엿볼 수 있어 기업의 리더들에게 귀중한 시사점을 남겨 준다.

남다른 리더의 포용력, 초나라의 장왕(莊王)

중국 춘추전국시대에 초(楚)나라 장왕(莊王)은 후진국이던 초나라를 일약 최강국의 반열에 올려놓았다. 그는 국가 최고지도자로서의 장점을 꽤 많이 갖추고 있었는데 이런 이야기도 전해 온다.

장왕은 즉위한 뒤 3년간 나라를 다스리는 일을 소홀히 하고 밤낮으로 노는 데만 열중했다. 심지어 '내게 간언하는 자는 사형에 처한다'는 내용의 포고령도 내렸다. 어느 날 참다못한 신하 오거(伍擧)가 임금을 뵙고 아뢰었다.

"신이 수수께끼를 하나 내겠습니다."

"말해 봐라."

"언덕 위에 새가 한 마리 있는데 이 새는 3년 동안 날지도 않고 울지도 않습니다. 대체 이것은 어떤 새일까요?"

"3년간 날지 않았지만 한 번 날면 하늘 끝까지 날아갈 것이다. 3년간 울지 않았지만 한 번 울면 온 세상을 놀라게 할 것이다. 네가 하고자 하는 말을 알아들었으니 이만 물러가거라."

한데 몇 달이 지나도 왕의 행동은 바뀌지 않았다. 그러자 이번에는 신하 소종(蘇從)이 죽음을 각오하고 직언을 했다. 그때 장왕은 먼저 소종에게 다짐을 받았다.

"간언하는 자는 사형에 처한다는 포고령을 아느냐?"

"제가 모시는 임금님이 깨우치게 할 수만 있다면 신은 죽어도 여한이 없습니다."

신하의 이런 각오를 들은 장왕은 노는 것을 딱 중지하고 정치 쇄신에 나섰다. 특히 그때까지 자신과 함께 놀던 자들을 멀리하고 용기 있게 간언한 오거와 소종을 중용했다. 이것을 보면 그동안 장왕이 아무 생각 없이 놀기만 한 것이 아니었음을 알 수 있다. 그는 속으로 신하들을 관찰하면서 그들의 됨됨이를 파악한 것이다. 덕분에 장왕은 일을 시작하자마자 일거에 인사를 쇄신하고 국정의 기반을 단단히 다져 나갔다.

이처럼 장왕은 수완이 뛰어난 사람이었다. 그런데 뛰어난 리더는 자칫 부하들이 두려워하는 존재는 될지언정 마음을 얻지 못하기 십상이다. 이 점에서 장왕은 예외적인 인물이었다. 즉, 그는 뛰어나면서도 도량이 넓은 지도자였던 것이다.

어느 날 밤 장왕이 많은 신하를 불러 주연을 베풀었다. 그는 "오늘밤에는 위아래를 따지지 말고 격의 없이 마음껏 즐기자."고 제안했다. 그리하여 임금과 신하들이 함께 어울려 신나게 놀았는데 갑자기 바람이 불면서 연회장 안의 등불이 모두 꺼져 버렸다. 그러자 이때다 싶어 임금의 애첩을 건드리려 한 신하가 있었다. 재빨리 그의 관끈을 잡아뗀 애첩이 왕에게 간청했다.

"관끈이 없는 사람이 범인입니다. 빨리 불을 켜서 그를 잡아 주세요."

그때 장왕은 여자의 정조를 위해 신하를 희생시킬 수는 없다며 오히려 이렇게 외쳤다.

"오늘밤에는 위아래 없이 마음껏 즐기자. 모두 관끈을 잘라 버려라!"

다시 불을 밝히고 보니 신하들 가운데 관끈이 있는 사람은 하나도 없었다.

이 일이 있고 나서 몇 년 후 장왕은 강대국 진(晉)나라와 싸우게 되었는데, 이때 줄곧 아군의 선두에 서서 용감히 싸운 용사가 있었다. 덕분에 진나라를 물리친 장왕은 그 용사를 불렀다.

"내 덕이 부족해 자네 같은 용사를 미처 알아보지 못했네. 자네는 그런 나를 원망하지도 않고 목숨 걸고 싸웠네. 혹시 무슨 연유라도 있는가?"

사내는 엎드려 대답했다.

"저는 이미 한 번 죽은 몸입니다. 술에 취해 무례한 행동을 했을 때, 전하께서 자비를 베푸신 덕에 저는 살 수 있었습니다. 그때부터 저는 목숨을 던져 은혜를 갚겠다는 생각으로 살아왔습니다. 그날 밤 관끈을 잡아떼인 자는 저입니다."

이 이야기는 리더가 너그럽고 포용력이 있어야 아랫사람의 신망을 얻을 수 있음을 일깨워 준다. 조직에서 윗사람이 사소한 일에 일일이 흠을 잡으면 아랫사람의 마음을 얻을 수 없다.

가장 낮은 곳에 섰던 위나라 장군, 오기(吳起)

이번에는 뛰어난 병법서 《오자병법》(吳子兵法)을 지은, 위(魏)나라의 장군 오기(吳起)의 이야기다.

어느 날 위나라의 왕 무후(武候)가 신하들을 모아 놓고 회의를 열었다. 그런데 어느 누구도 왕보다 더 나은 의견을 내지 않았고 무후는 득의양양한 표정으로 회의를 끝냈다. 그런 그에게 오기가 다가가 이렇게 말했다.

"초나라의 장왕이 신하들과 회의를 할 때 어느 누구도 왕보다 더 나은 의견을 내지 못했습니다. 그러자 장왕의 얼굴에는 슬픈 빛이 가득했습니다. 신하 신공(申公)이 왜 그렇게 슬픈 표정을 짓느냐고 여쭙자 장왕은 이렇게 대답했답니다.

'어느 시대에도 성인이 있고 어떤 나라에도 현자(賢者)가 있는 법이네. 성인을 알아보고 스승으로 모시는 자는 왕이 되고 현자를 알아보고 벗으로 삼는 자는 패자(覇者)가 되네. 그런데 지금 내게 나보다 나은 신하가 없다는 것을 알게 되었네. 이래서야 우리나라의 앞길이 어떻게 되겠는가?'

장왕은 신하들의 무능을 한탄한 것입니다. 그런데 전하께서는 오히려 기뻐하고 계십니다. 이러면 우리나라의 앞길이 험난하리라는 생각을 하지 않을 수 없습니다."

오기의 말을 들은 무후는 부끄러움으로 얼굴이 화끈 달아올랐다. 오기는 '최고지도자는 모름지기 겸손해야 하고 결코 우쭐하면 안 된다'고 말하고 싶었던 것이다.

한번은 무후가 배를 타고 서하(西河)를 따라 내려가다가 중간 지점에 이르렀을 때 오기를 돌아보며 말했다.

"참으로 아름답구나. 이 험준한 산천이야말로 우리나라의 보배다."

이 말에 오기는 이렇게 대꾸했다.

"나라의 보배는 임금의 덕행에 있지 지형의 험준함에 있지 않습니다. 만일 임금께서 덕을 닦지 않으면 이 배 안에 있는 모든 사람이 적이 될 것입니다."

이처럼 오기는 '최고지도자에게는 덕이 없으면 안 된다'고 용기 있게 간언했다. 이토록 무후를 제대로 모시려고 애쓴 오기는 어떤 인물이었을까? 오기의 지위는 장군으로, 장군은 부하들을 이끌고 싸움터에 나가야 한다. 목숨 걸고 싸우는 전투에서 장군이 병사들의 신망을 얻지 못하면 승리를 기대하기는 어렵다.

오기는 늘 부하들의 마음을 헤아렸고 신분이 가장 낮은 병사들과 똑같이 입고 먹었다. 또한 잠을 잘 때는 자리를 깔지 못하게 했고 행군할 때도 말이나 수레를 타지 않았으며 자기가 먹을 식량을 직접 갖고 다니면서 병사들과 함께 고통을 나누었다. 한번은 부스럼이 난 병사를 위해 오기가 몸소 고름을 빨아 주었다. 그런데 그 소식을 들은 병사의 어머니는 소리 내어 울었고 어떤 사람이 그 까닭을 물었다.

"당신의 아들은 졸병에 지나지 않는데 장군께서 손수 고름을 빨아 주셨소. 한데 어찌하여 그토록 슬피 우시오?"

그의 어머니는 이렇게 대답했다.

"예전에 장군께서 우리 애 아버지의 고름을 빨아 주셨는데 그 사람은 자기 몸을 돌보지 않고 용감히 싸우다 적진에서 죽고 말았습니다. 이제 오기 장군께서 또 제 자식의 고름을 빨아 주셨으니, 이 아이도 언제 어디서 죽게 될지 모릅니다. 그래서 소리 내어 우는 것입니다."

오기는 이렇게까지 해서 부하들의 마음을 얻으려 노력했다. 그처럼 부하들의 마음을 헤아리고 그들과 동고동락한 오기의 자세는 오늘날의 리더에게도 필요하지 않을까?

굳셈과 부드러움의 리더십, 정나라의 자산(子産)

약 2,500년 전인 춘추시대 말기 정(鄭)나라에 자산(子産)이라는 뛰어난 재상이 있었다. 그는 정나라를 편안하고 태평하게 운영한 재상이었는데 그의 리더십의 특징은 굳셈과 부드러움, 즉 강인함과 유연함이 균형을 이루는 것이었다.

먼저 굳센 면을 보자. 자산이 재상으로 있을 당시 정나라는 작은 나라였고 큰 나라의 틈바구니 속에서 살아남으려면 무엇보다 나라의 체질을 강화하고 국력을 충실히 다져야 했다. 자산은 여러 가지로 손을 써서 농촌 진흥을 도모하는 한편, 국방비를 확보하기 위해 새로운 세금징수 제도를 도입했다. 그러자 백성은 세금이 너무 무겁다며 자산을 원망했고 심지어 '자산을 죽이라'고 목소리를 높이기도 했다. 신하들 중에는 요란한 비난을 듣기 힘들어하며 중지를 건의하는 자도 있었다. 그때 자산은 이렇게 말하며 굴하지 않았다.

"나라를 위하는 일이라면 내 한 몸쯤은 희생당해도 좋다. 나는 '좋은 일을 할 때는 끝까지 밀고 나아가야 한다. 그렇지 않으면 모처럼 해낸 좋은 일 조차 소용없게 된다'는 말을 들었다. 백성의 비난을 듣는다고 해서 그만둘 수는 없다. 나는 끝까지 해내고 말 것이다."

자산은 일관성 있게 정책을 펼쳤고 3년, 5년, 시간이 지나자 그의 농촌진흥책이 궤도에 오르면서 농민의 생활이 향상되었다. 그러자 처음에는 자산을 죽이라고 기세가 등등하던 백성도 차차 그의 정책과 선정(善政)을 칭송하기 시작했다. 이처럼 자산은 비난에 굴하지 않고 스스로 확신하는 정책을 강하게 추진하는 강인함을 지닌 한편, 온유한 면도 갖추고 있었다.

정나라에는 지도자 양성기관이라 할 수 있는 향교(鄕校)가 있었다. 그런데 이 향교가 언제부터인가 정부 시책에 불만을 품은 사람들이 정치 활동을 하는 거점으로 변해 갔다. 이것을 가만 놔두면 반란 같은 직접적인 활동으로까지 발전할 기세였다. 이를 걱정한 자산의 측근들은 재상에게 향교 폐쇄를 건의했지만 자산은 여기에 반대했다.

"그럴 필요 없다. 그들은 일을 끝낸 뒤 향교에 모여 우리의 정치를 비판하고 있다. 나는 그들의 의견을 참고해 평판이 좋은 정책은 밀고 나가고, 그렇지 않은 시책은 고치려고 마음먹고 있다. 그들은 말하자면 내 은사다. 탄압하면 억지로 그들의 입을 막을 수는 있을 것이다. 그러나 그것은 강의 흐름을 막는 것이나 마찬가지다. 머지않아 강물이 둑을 무너뜨리고 큰 홍수가 나서 수많은 사상자가 나올 것이 틀림없다. 그때는 손을 쓸 수조차 없다. 그보다는 물길을 통해 물을 조금씩 내보내는 편이 훨씬 낫다. 백성의 말문도 마찬가지다. 말문을 열지 못하게 하기보다 들을 것은 들어서 약으로 삼는 것이 좋다."

이것은 유연한 리더십 또는 정치적 자세를 보여 주는 전형적인 본보기다. 자산은 이렇게 강인함과 유연함의 균형을 맞춰 정치를 펼쳤고 명재상으로 칭송을 받았다. 현실적으로 이 둘의 균형을 맞추는 것은 무척 어려운 일이다. 자산은 병에 걸려 누워 있을 때 후임인 자대숙(子大叔)을 병상으로 불러 이렇게 충고했다.

"정치에는 크게 두 가지 방식이 있다. 하나는 굳셈의 정치고 다른 하나는 부드러움의 정치인데, 일반적으로는 굳셈의 정치가 더 낫다. 이 둘은 불과 물에 비유할 수 있다. 불의 속성은 격렬해 보기만 해도 무섭기 때문에 사람들은 두려워하며 가까이 다가가려 하지 않는다. 이에 따라 불로 인해 죽는 사람은 적다. 반면 물은 매우 약해 보여서 사람들이 그것을 무서워하지 않는다. 그러다 보니 오히려 물로 인해 죽는 사람은 많다. 부드러움의 정치는 물과 같다. 이는 언뜻 보면 쉬운 것 같지만 실은 지극히 어렵다."

일반적으로 정치가는 인기나 여론에 신경 쓰느라 국민에게 영합하는 정책을 내세우기 십상이다. 이 경우 정치는 중심을 잃고 만다. 자산은 바로 이 점을 경계한 것이다. 그런데 그가 세상을 떠난 뒤 그의 후계자 자대숙은 오로지 관용만 중시하는 정치를 펼쳤다. 이처럼 정치가 느슨해지면서 순식간에 도둑과 날치기가 횡행하자 자대숙은 "처음부터 자산의 말을 들었으면 이렇게 되지 않았을 텐데." 하며 한탄했다.

자산은 부드러움과 굳셈, 어느 한쪽에 치우치지 않고 절묘하게 둘의 균형을 맞추는 정치를 펼쳤다. 즉, 조일 때는 바짝 조이고 느슨할 때는 풀어 주는 것이 그의 리더십과 정치의 특징이었다. 이는 오늘날의 기업경영에도 거의 그대로 적용할 수 있는 지침이다.

사람의 마음을 사로잡는 법, 곽해(郭解)

《사기》의 〈유협열전〉(游俠列傳) 편에는 매우 특이한 내용이 나온다. 이것은 당대를 대표한 협객들의 언행을 기록한 것으로 당시 불량배로 취급받던 사람들의 이야기를 정사의 한 부분으로 기록한 인물은 사마천이 유일하다. 어쩌면 사마천이 협객들의 삶에 공감해서 그런 것인지도 모른다.

사마천과 같은 시대를 산 인물 중에 곽해(郭解)라는 협객의 우두머리가 있었다. 사마천은 그에 대한 인상을 다음과 같이 쓰고 있다.

　"나는 곽해를 본 적이 있는데 그 얼굴은 보통 사람보다 형편없고 말솜씨도 본받을 만한 게 없었다. 그런데 천하의 현명한 자나 못난 자, 그와 면식이 있는 자나 없는 자 모두 그의 명성을 사모하였고 협객을 말하는 사람은 누구나 그의 이름을 입에 올린다."

　협객은 일개 서민에 지나지 않는다. 권력의 후광이 있기는커녕 때로 국가 권력과 맞서는 존재가 협객이다. 따라서 협객이 사람들의 지지를 얻기 위해서는 남모르는 피나는 노력이 있어야 한다. 곽해가 이 정도로 인기를 끈 까닭 중 하나는 인심을 얻는 능력이 탁월했기 때문이다.

　곽해 누이의 아들이 위세를 믿고 횡포를 부리는 일이 많았다. 어느 날 이 곽해의 조카가 어떤 사람과 술을 마시다가 상대방에게 술잔을 비우게 했는데 그 사람이 더 이상 마실 수 없다고 해도 억지로 술을 따랐다. 그러자 이 사람이 화가 나서 칼을 뽑아 곽해의 조카를 찔러 죽이고 달아났다. 곽해의 누이가 노여워하며 말했다.

"남이 내 자식을 죽였는데 의협심 있는 곽해도 그 범인을 잡지 못하는구나."

곽해는 부하를 시켜 은밀히 범인을 탐색한 끝에 숨어 있는 곳을 알아냈다. 궁지에 몰린 범인은 스스로 곽해를 찾아와 그에게 모든 것을 사실대로 털어놓았다. 그때 곽해는 이렇게 말하며 그를 돌려보냈다.

"당신이 그를 죽인 건 진실로 당연하오. 내 조카가 나빴소."

이 사건으로 사내대장부다운 면모를 보인 곽해의 위신은 한층 더 올라갔다. 협객의 우두머리인 그는 범인을 간단히 처치할 수도 있었지만 상대방의 말에 일리가 있음을 인정하고 이치에 맞는 조치를 취한 것이다. 보통 사람이 이렇게 처신하기는 매우 어려운 일이다. 이런 이야기도 있다.

곽해가 외출을 하면 사람들이 모두 길을 피했는데 어느 날 한 남자가 두 다리를 벌리고 앉아 곽해를 쳐다보았다. 곽해는 사람을 시켜 그의 이름을 알아보게 했다. 눈치 빠른 곽해의 부하 하나가 "저놈을 죽여 버릴까요?" 하고 묻자 곽해가 말했다.

"자기가 사는 마을에서 존경받지 못하는 것은 내 덕이 부족한 탓이다. 그에게 무슨 죄가 있겠는가?"

그 뒤 곽해는 몰래 관청에 가서 이렇게 부탁했다.

"그는 내가 소중히 여기는 사람이니 병역을 교체할 때 면제해 주시오."

그 사람은 병역을 교체할 때마다 의무를 면제받았다. 이를 이상히 여긴 그가 알아보니 곽해가 면제해 주도록 손을 쓴 것이었다. 두 다리를 벌리고 앉아 있던 그 남자는 곽해에게 달려가 용서를 빌었다. 이 일로 사람들은 곽해를 더욱더 존경했다고 한다.

또 다른 이야기도 있다. 낙양(洛陽) 고을에 원수처럼 지내는 두 집이 있었다. 고을 안의 어진 사람과 호걸 십여 명이 중간에 나서서 화해시키려 했으나 그들은 끝내 말을 듣지 않았다. 그러자 어느 손님이 곽해를 찾아와 중재를 부탁했다. 곽해는 밤에 원수처럼 지내는 두 집을 찾아가 열심히 설득했고 마침내 그들은 자기 생각을 굽히고 곽해의 말을 받아들였다. 이런 경우 사람들은 대체로 공을 자랑하는 표정을 짓지만 곽해는 달랐다. 그는 그들에게 이렇게 말했다.

"낙양의 여러 인사가 중재에 나섰으나 당신들이 받아들이지 않았다고 들었소. 지금 다행히 이 곽해의 말을 들었소만 다른 고을 사람인 내가 어찌 이 고을에 계신 어진 분들의 권위를 빼앗을 수 있겠소?"
그는 사람들에게 알리지 말라며 이런 당부를 하고 그날 밤으로 떠났다.
"당분간 내 말을 받아들이지 않은 것처럼 하시오. 내가 떠난 뒤 낙양의 호걸들이 중재에 나서게 해서 그들의 말을 들으시오."

참으로 절묘한 마음씀씀이가 아닐 수 없다. 곽해는 이 웅숭깊은 태도가 사람의 마음을 사로잡는다는 것을 알고 있었던 것이다. 이처럼 깊고 넓은 태도와 마음 씀씀이도 기업의 리더에게 하나의 경쟁력이 될 수 있다.

사람의 마음을 꿰뚫어 본 범려(范蠡)

약 2,500년 전 오늘날의 항주(杭州)와 소주(蘇州)가 있는 중국의 강남

땅에 오(吳)와 월(越) 두 나라가 융성했는데 양국은 서로 격렬하게 대립했다. 한때 월나라 왕 구천은 오나라 왕 부차에게 참패를 당하고 회계산으로 도망가 그곳에서 굴욕적인 강화조약을 맺은 바 있었다. 용서를 받고 귀국한 구천은 어떻게든 회계산에서의 치욕을 씻기 위해 많은 노력을 기울이며 와신상담했다. 20년 후 결국 구천은 오나라를 멸망시킴으로써 한을 풀었는데, 이때 구천을 도와준 인물 중 하나가 범려(范蠡)다.

여기까지는 전형적인 충신의 이야기지만 그 후의 범려의 행적을 보면 그가 단순한 충신의 틀에서 벗어난 인물임을 알 수 있다. 큰 공을 세운 덕분에 대장군(大將軍) 자리에 오른 범려는 이렇게 생각했다.

'뜻을 이루어 절정에 오른 최고 권력자를 오래 모시는 것은 위험한 일이다. 무엇보다 구천은 고생은 함께 나눌 줄 알아도 즐거움은 함께 나눌 줄 모르는 위인이다.'

범려는 구천에게 편지를 보내 사의를 표명했다. 범려의 진의를 모르는 구천은 필사적으로 만류했지만 범려는 모처럼 얻은 지위를 아무 미련 없이 버리고 제(齊)나라로 이주했다. 그리고 구천과 완전히 인연을 끊어 버렸다. 왜 범려는 최고의 자리를 박차고 구천의 곁을 떠났을까? 그 이유를 알기 위해서는 다른 이야기를 살펴보아야 한다.

구천에게는 또 다른 충신으로 문종(文種)이 있었다. 그도 구천을 도와 월나라가 천하의 우두머리가 되는 데 큰 공을 세웠다. 그의 공적은 분명했고 사람들도 모두 그것을 믿었지만 구천은 끝내 그를 내친 뒤

죽여 버렸다. 범려는 이런 사태를 미리 예측한 것으로 보인다.

한편 제나라로 간 범려는 그곳에서 아들들과 함께 사업을 일으켜 크게 성공했다. 그러자 그의 능력을 알아본 제나라에서도 그에게 재상이 되어 달라고 간청했다. 그때 그는 이렇게 말하며 제나라의 요청을 거절했다.

"민간인으로 있을 때는 큰 재산을 모았고 관리로 일할 때는 재상의 자리에까지 올랐다. 필부인 내가 더 이상 바라는 영달은 없다. 영예가 오래 지속되면 오히려 화근이 된다."

범려는 재산을 마을 사람들에게 나눠 주고 몰래 제나라를 떠나 도(陶)라는 곳으로 이주했다. 범려는 새 정착지에서도 또다시 크게 성공해 순식간에 큰 부(富)를 쌓아 올렸다. 그러고 보면 범려는 사업 수완이 뛰어났던 모양이다.

그런데 그즈음 그의 차남이 초나라에서 사람을 죽여 체포되는 사건이 일어났다. 범려는 즉각 막내아들에게 막대한 양의 황금을 내주며 초나라에 가서 구명운동을 하라고 했다. 그때 장남이 나서서 말했다.

"이런 일은 장남인 제가 해야 합니다. 부디 저에게 맡겨 주십시오."

범려의 아내도 장남 편에 서서 그의 말을 거들자 범려는 할 수 없이 장남을 보냈다. 그런데 장남은 가져간 황금을 아까워한 나머지 결국 구명운동에 실패했고 사형당한 아우의 유해를 갖고 돌아왔다. 어머니는 슬픔에 잠겼지만 범려는 쓴웃음을 지으며 이렇게 말했다.

"이럴 줄 알았다. 그렇다고 큰아들이 아우를 위하지 않았다는 말은 아니지만 그 애는 미련을 버리지 못하고 연연하는 면이 있다. 큰아들은 어릴 때부터 나와 함께 고생하면서 컸기 때문에 좀처럼 돈을 풀지 못한다. 반면 막내는 고생을 전혀 모르고 커서 돈을 쓰는 것 따위는 아무렇지도 않게 생각한다. 내가 처음에 막내를 보내려 한 것은 막내라면 아무렇지도 않게 돈을 쓸 것이기 때문이다. 큰아들은 그렇게 하지 못한다. 결국 아우를 죽인 꼴이 되었지만 그것도 어차피 자연스러운 결과니 슬퍼할 필요 없다. 나는 애초부터 둘째 아들이 살아서 돌아오지 못할 거라고 생각했다."

이 얼마나 뛰어난 통찰력인가. 이처럼 범려는 상황을 읽고 앞을 내다보는 능력이 뛰어났다. 그가 구천의 곁을 떠난 것도, 제나라의 요청을 거절한 것도, 가는 곳마다 사업에서 성공한 것도 이러한 통찰력 덕분이 아닐까? 명철보신(明哲保身)이라는 말의 사전적 의미를 보면 '총명하고 사리에 밝아 이치에 맞게 일을 처리하여 자기 몸을 보전함'이라고 되어 있다. 이는 곧 깊은 통찰력을 발휘해 몸을 안전하게 지킨다는 말인데 범려는 그 전형적인 사례. 반면 사마천은 앞서 말한 월나라의 충신 문종을 다음과 같이 냉정하게 평가하고 있다.

"그는 펼 줄만 알고 굽힐 줄은 모르며, 앞으로 나아갈 줄만 알고 돌아올 줄은 모르는 사람이었다."

편안한 때에도
위험한 때를 생각한다

《정관정요》(貞觀政要)는 중국 역사상 가장 큰 제국을 이룬 당나라의 2대 황제 태종(재위 기간, 626~649)과 그를 보좌한 신하들과의 정치문답집이다. 당나라의 사관(史官) 오긍(吳兢)이 쓴 《정관정요》는 '군주의 도리'(君道)라는 제목의 제1장부터 제40장 '신중한 끝맺음'(愼終)에 이르기까지 모두 10권 40장으로 이루어져 있다. 태종 이세민은 아버지 고조(高祖)를 도와 당나라를 함께 세웠을 뿐 아니라, 고조의 뒤를 이어 2대 황제가 되자마자 널리 인재를 모으고 당 왕조 300년의 기초를 다졌다. 태종 곁에는 위징(魏徵), 왕규(王珪), 이정(李靖) 장군, 이적(李勣) 장군 등 쟁쟁한 인재가 모여들었고 태종은 이들의 간언을 받아들이며 정치에 힘쓴 덕분에 나라를 잘 다스릴 수 있었다. 그 결과 태종

의 연호를 따서 '정관의 치(治)'라 불리는 태평성대를 이루었다.《정관
정요》는 이처럼 세계 최강 제국을 이룬 당태종의 리더십을 후세에 전
하기 위해 '교육적 관점'에서 그와 신하들이 나눈 이야기를 조목별로
재편집한 책으로 당나라 이후 역대 군주들의 필독서이기도 했다. 그
러면 '정관의 치라는 이상적인 시대를 구현한 정치의 요체'라는 뜻의
《정관정요》를 통해 배울 수 있는 것은 무엇인가? 그것은 한마디로 수
성(守成)이 필요한 시대의 지도자의 마음가짐이다.

《정관정요》의 제1장에는 '창업이 어려운가, 수성이 어려운가?'라는
유명한 문답이 있다.

> 정관 10년, 태종이 신하들에게 물었다.
>
> "제왕이 하는 큰 사업 가운데 창업과 수성 중 어느 것이 더 어렵소?"
>
> 이에 대해 방현령(房玄齡)은 창업이 어렵다 하고 위징은 수성이 어렵다고
>
> 했다. 두 사람의 말을 경청한 태종은 양쪽의 주장에 모두 일리가 있다고
>
> 한 후 이렇게 말했다.
>
> "창업의 어려움은 이미 과거의 일이 되었고 이제부터 그대들과 함께 마음
>
> 을 단단히 먹고 수성의 어려움을 극복해 가고자 하오."

이 말대로 태종은 신하들의 직언과 비판을 과감히 받아들여 치세에
반영했다. 그는 수성에 성공하고 한 걸음 더 나아가 외세를 몰아내는
등 과감한 대외 정책을 추구한 뛰어난 지도자였다.

이제 대한민국도 어느덧 저성장, 노령화 시대에 접어들었다. 지금은 과거 고도성장 시절에 이룬 성과를 착실히 다지는 동시에 참신한 도전 정신을 불러일으키고 새로운 시대에 적극 대응해야 한다. 이 시점에 특히 한국의 기업들은 태종의 정치에서 배울 점이 아주 많다.

첫째, 부하의 의견에 귀를 기울여라.

'간언을 장려하라'는 제목의 제4장에서 태종은 거울이 없으면 자신의 생김새를 볼 수 없듯 신하들의 간언이 없으면 정치적 득실에 관해 정확히 알 방법이 없다고 지적한다. 먹줄이 있으면 굽은 나무도 바르게 되고 기술이 정교한 장인이 있으면 보옥(寶玉)을 얻을 수 있듯, 시대를 꿰뚫어 보는 혜안을 가진 신하의 충언은 군주를 바로 서게 할 뿐 아니라 천하를 태평성대로 만들 수 있다.

이처럼 간언이 중요함에도 불구하고 신하들이 침묵하는 이유는 충성스런 간언을 할 분위기가 조성되지 않았기 때문이다. 일반적으로 군주는 신임하지 않는 자가 간언하면 비방한다 생각하고, 신임하는 사람이 간언하지 않으면 봉록(奉祿)만 훔치는 자라고 생각하는 경향이 있다.

이런 탓에 성격이 유약한 사람은 속마음은 충직해도 말하지 못하고, 관계가 소원한 이는 신임받지 못할 것을 두려워해 감히 말하지 못한다. 관중(管仲)이 제환공(齊桓公)의 허리띠를 화살로 쏘아 맞혔어도 의심받지 않은 것처럼 군주가 먼저 신하를 믿고 간언을 구할 준비가 되어야 한다.

태종은 전 생애에 걸쳐 겸허한 태도로 간언을 받아들였다. 2014년 12월 발생한 대한항공 회항 사건에서 보듯 한국의 기업, 특히 재벌기업에서는 이처럼 간언할 수 있는 열린 기업문화를 찾아보기 힘들다. 그런 의미에서 우리는 간언할 수 있는 쟁쟁한 인재를 모아 거리낌 없이 말하게 하고 또 그들의 말에 귀를 기울이라는 《정관정요》의 조언에 주목할 필요가 있다.

둘째, 먼저 자신의 몸가짐을 바르게 하라.

어느 조직이든 부하들은 리더의 일거수일투족에 관심을 기울인다. 따라서 높은 자리에 있는 사람이 엉성한 행동을 하면 그것은 즉각 부하들의 사기에 영향을 미치고 심지어 조직 붕괴로 이어질 수 있다. 태종은 이 점에서도 스스로에 대한 경계를 게을리하지 않았다. 그는 이렇게 말했다.

"천하가 평안하기를 바란다면 먼저 자신의 자세를 바르게 해야 한다."
"나는 언제나 자신의 파멸을 낳는 것은 바로 자신의 욕망이라고 생각한다."
"군주가 한마디라도 도리에 어긋나는 말을 하면 민심은 뿔뿔이 흩어지고 반란을 도모하는 자가 나온다. 그래서 나는 언제나 그것을 염두에 두고 극도로 내 욕망을 억제하려 애쓰고 있다."

당태종은 이런 각오로 국정에 임하고 늘 솔선수범해 자신의 자세를 바르게 하려고 노력했다. 이처럼 지도자가 솔선해서 스스로 자세를 바르게 하면 부하들은 자연히 그것을 본받고 결국 조직에는 건강한 긴장감이 흘러넘친다.

셋째, 최초의 긴장감을 지속시켜라.

누구나 새 보직을 받으면 새로운 결의를 다지고 긴장해서 업무에 임한다. 더욱이 기업의 최고경영자 자리에 오르면 당사자는 더더욱 강하게 스스로를 채찍질한다. 그러나 긴장감을 계속 유지하는 것은 결코 쉬운 일이 아니다. 많은 경우 시간이 지나면서 서서히 긴장이 풀리고 안이한 태도가 뿌리내리기 시작한다. 《정관정요》는 이처럼 최초의 긴장감을 지속하지 못하는 지도자는 조직의 우두머리로는 실격이라고 단언한다. 제1장 '군주의 도리' 끄트머리에는 다음과 같은 대화가 나온다.

정관 15년, 태종이 곁에서 모시는 신하들에게 말했다.

"천하를 지키는 일이 쉬운가, 어려운가?"

위징이 대답했다.

"매우 어렵습니다."

태종이 말했다.

"현명하고 능력 있는 자를 임명하고 간언을 받아들이면 되거늘 어찌 어렵다고 하는 것이오?"

위징이 말했다.

"예로부터 내려오는 제왕들을 살펴보면 그들은 상황이 위급할 때는 현명하고 재능 있는 사람을 임명하고 간언을 받아들였습니다. 그러나 일단 천하가 안정되고 살기 좋아지면 반드시 게을러졌습니다. 천하가 안정되고 편안한 상태에 기대 나태해지려 할 때는 간언하는 자가 간언이 받아들여지지 않을 경우 자기 앞날을 염려해 모조리 말하지 못했습니다. 그 결과 나라의 세력이 나날이 약해져 결국 위급한 지경에 이르렀습니다. 성인이 편안할 때도 위험한 때를 생각한 까닭은 이런 상황이 발생하는 것을 피하기 위해서였습니다. 편안한 생활을 하면서도 두려운 마음을 유지할 수 있으면 어찌 어렵다고 할 수 있겠습니까?"

여기서 핵심은 '편안할 때도 위험한 때를 생각한다'는 말이다. 불교에도 다음과 같은 구절이 나온다.

역경을 참아 이겨 내고 형편이 잘 풀릴 때를 조심하라.　　《잡보장경》(雜寶藏經)

태종은 이 점을 잘 알고 있었다. 그래서 그는 제2장 '정치의 요체'(政體)에서 스스로 이렇게 말하고 있다.

"나라를 다스리는 것과 질병을 치료하는 것에는 어떠한 차이도 없소. 환자의 상태가 좋아졌다고 생각하면 잘 보살펴야 하오. 만일 다시 발병해 악화되면 반드시 죽음에 이를 것이기 때문이오. 나라를 다스리는 것 또한 그러하니 천하가 조금 안정되면 더욱 조심하고 삼가야지, 평화롭다고 하여 교만하게 굴거나 사치스러운 생활을 하면 틀림없이 멸망에 이를 것이오. 오늘날 천하의 안정과 위험은 내게 달려 있기 때문에 나는 매일 근신하고 있소. 비록 누릴 만한 조건이 되어도 누릴 수 없소. 내 눈귀와 팔다리가 할 수 있는 일은 여러분에게 맡기겠소. 군주와 신하가 한 몸이 되었으니 한마음으로 협력해야 하오. 일을 할 때 이치에 맞지 않는 부분이 있으면 한 치도 숨김없이 간언해야 하오. 만일 군주와 신하가 서로를 의심해 마음속 말을 할 수 없으면 이는 실제로 나라를 다스리는 데 큰 재앙이오."

기업 경영자를 비롯해 조직의 지도자들이 이를 실천하는 것은 의외로 어렵다. 당현종(唐玄宗)도 초기에는 긴장감을 유지하며 나라를 잘 다스렸다. 그 결과 '개원(開元)의 치(治)'라고 불리는 융성의 시대를 일구었다. 그러나 차차 정치에 싫증을 내고 미녀 양귀비에게 빠져 마침내 나라를 파멸의 길로 몰고 갔다. 반면 태종은 그의 치세가 끝날 때까지 긴장감을 유지한 뛰어난 지도자였다.

넷째, 철저히 자기절제를 하라.

절대 권력을 쥔 고대 황제는 마음만 먹으면 언제든 신하의 목을 벨 수도 있고 미녀를 취할 수도 있었다. 하지만 그렇게 하면 순식간에 폭군으로 전락하고 만다. 천하를 마음대로 좌우할 수 있는 만큼 훌륭한 임금이 되려면 한층 더 엄격한 자기통제가 필요하다. 다음은《정관정요》의 제18장 '검소와 절약'(儉約)에 나오는 이야기다.

정관 2년, 신하들이 건의했다.

"여름의 마지막 달은 높이 쌓아 올린 망루에서 거주하는 것이 좋습니다. 아직 여름은 물러가지 않았고 가을비가 이어 내리는 바람에 황궁 안의 낮은 곳은 습합니다. 청컨대 폐하께서는 누각 하나를 지어 머물도록 하십시오."

태종이 말했다.

"기력이 쇠약하고 질병이 있는 내가 어찌 낮고 습한 곳이 거주 조건에 맞겠소? 그러나 만일 내가 그대들의 요청에 동의한다면 낭비가 많을 것이오. 일찍이 한문제(漢文帝)는 높은 누각을 건축하려다가 열 가구의 재산에 상당하는 비용을 아까워해 세우지 않았소. 나는 덕행에서는 한문제를 따르지 못하고 재물 소비에서는 그를 넘어서고 있으니 어찌 백성의 부모인 군주의 도리라고 할 수 있겠소?"

신하들이 거듭 건의하였으나 태종은 끝내 허락하지 않았다.

수준 높은 지도자는 이렇게 강한 의지로 철저히 자기절제를 한다. 이는 공적 생활뿐 아니라 사생활에도 적용된다. 《정관정요》의 제38장 〈전렵〉(畋獵) 편에 나오는 다음의 사례를 보자. 태종의 취미는 사냥이었는데 이것은 취미인 동시에 그의 유일한 스트레스 해소법이었다. 그런 그에게 충신 위징이 이렇게 간언했다.

"신(臣)은 최근 폐하께서 직접 맹수들과 격투하느라 아침에 나갔다가 저

녘에 돌아오신다고 들었습니다. 천하의 제왕이 황량한 들에서 어리석은 행동을 하고, 깊은 숲 속까지 달려 들어가고, 무성한 풀을 밟는다고 들었습니다. 이것은 만전을 기하는 방법이 아닙니다. 폐하께서는 개인적인 즐거움을 버려 야수와 격투하는 취미를 멀리하시고, 위로는 종묘사직을 생각하고 아래로는 백관(百官)과 억만 백성을 편안하게 하기를 바랍니다."

태종이 말했다.

"어제의 일은 우연히 일시적으로 한 것일 뿐 계속 그렇게 한 것은 아니오. 오늘 이후로 이 점을 깊이 경계하겠소."

당태종은 개인적으로 사냥조차 마음대로 하지 못했지만 그 정도의 자기절제가 있었기에 탁월한 황제로 남은 것이다.

다섯째, 겸허한 태도를 유지하고 언어를 신중하게 구사하라.

겸양은 누구에게나 필요한 덕목이지만 특히 조직을 이끌어 가는 지도자에게는 절대 없어서는 안 될 요건이다. 당태종은 이 점에서도 자기 경계를 게을리하지 않았다. 이번엔《정관정요》의 제19장〈겸손과 사양〉(謙讓) 편이다.

정관 2년, 태종이 곁에서 모시는 신하들에게 말했다.

"사람들은 황제가 되면 스스로를 존귀하고 필요한 존재로 생각해 그 어떤 것도 두려워하지 않을 거라고 말하오. 그러나 나는 겸허함과 공손함으로 늘 스스로 두려움을 느껴야 한다고 생각하오."

"무릇 황제가 스스로 존귀하고 빛난다고 생각하면 그는 겸허하거나 공손하지 못한 것인데, 그가 옳지 않은 일이라도 하면 누가 감히 간언하겠소? 나는 항상 말 한마디나 한 가지 일을 할 때마다 위로는 하늘을 두려워하고 아래로는 신하들을 두려워할 생각이오. 하늘은 높은 곳에 있어서 인간 세상의 선과 악을 다 듣는데 어찌 두려워하지 않을 수 있겠소? 수많은 공경대신과 선비가 모두 우러러보는데 어찌 두려워하지 않을 수 있겠소? 이런 생각을 하면 언제나 오직 겸손함과 공손함으로 하늘의 뜻과 백성의 마음에 부합하지 못함을 두려워할 뿐이오."

태종은 죽는 날까지 겸허한 태도를 잃지 않았다. 그런데 지도자는 몸을 낮추는 것은 물론 말도 신중하게 해야 한다. 일단 입 밖에 나온 말은 다시 주워 담을 수 없기 때문이다. 태종은 이 점을 깊이 의식하고 있던 군주였다. 《정관정요》의 제22장 〈신언어〉(愼言語) 편에는 다음과 같은 구절이 나온다.

"말은 군자에게 가장 중요한 것이오. 말하는 것이 어찌 쉬운 일이겠소? 일반 백성도 말 한마디가 나쁘면 사람들이 그것을 기억해 치욕과 손해를 낳게 되오. 더구나 한 나라의 군주가 만일 말을 잘못해 손실이 크면 그것이 어찌 백성과 비교할 만한 것이겠소? 나는 항상 이것을 경계하오."

태종은 언제나 이런 마음가짐으로 신하들을 대했다. 겸허한 태도와 신중한 언어 구사는 《정관정요》가 말하는 리더십의 다섯 번째 요체다. 당태종은 이러한 리더의 조건을 철저히 지켜 뛰어난 군주가 되었는데, 나는 그의 성공비결이 제2장 〈정치의 요체〉 편에 나오는 다음의 구절에 집약되어 있다고 본다.

> 군주는 배, 백성은 물이다. 물은 배를 띄울 수도 있지만 뒤엎을 수도 있다.
> (君舟人水, 水能載舟, 亦能覆舟)

이렇듯 태종은 군주보다 백성이 중요하다는 점을 깊이 깨달은 제왕이었다. 즉, 정치의 근본은 백성임을 확신한 그는 백성의 눈으로 보고 그에 따라 행동하려 애썼다. 현대 경영학에서 말하는 소위 '철저한 고객 지향 정신'이 바로 그를 성공으로 이끈 핵심 요인이다.

이기는 전략은
싸움터, 그 한복판에 있다

1832년에 출간된 프로이센의 군인 카를 폰 클라우제비츠(Carl von Clausewitz, 1780~1831)의 저서 《전쟁론》(Vom Kriege)은 오늘날에도 빛을 발하는 군사학 혹은 전략론의 명저다. 이 책은 군사 전문가뿐 아니라 비스마르크, 마르크스, 레닌, 모택동, 레몽 아롱(Raymond Aron) 등 정치가와 혁명가, 사상가에게도 큰 영향을 미쳤다. 특히 독일 통일의 영웅 몰트케(Moltke) 장군은 호메로스, 성서와 함께 《전쟁론》이 자기 생각의 틀을 형성했다고 말했다.

그런데 정작 경영학자들은 경영 전략의 원조 격인 클라우제비츠를 진지하게 다루지 않는 듯하다. 사실 이 책은 매우 두껍고(부록까지 합치면 무려 1,200쪽!) 번역하기가 매우 난해해 번역본을 읽는 것으로는 충분히 이해하기가 어렵다. 이를 보완하기 위해 독일어 원서를 읽으려면 상당히 수준 높은 독일어 실력과 엄청난 끈기가 필요하다. 이 두 조건을 충족시키는 학자는 많지 않으므로 앞으로도《전쟁론》이 가르쳐주는 전략적 사고와 통찰 그리고 지혜를 현대의 기업경영, 군사학, 전략론, 정치학, 국가안보론 등에 응용하는 작업은 소수의 연구자가 오랫동안 진행해야 할 것이다.

그러면《전쟁론》은 위기의 시대를 사는 리더에게 어떤 가르침을 줄까? 바로 '전략'이다.

전략을 어떻게 만들 것인가

전략은 함께 싸움터에 뛰어들어 현장에서 구체적인 내용을 지시하고 수시로 전체 계획을 수정해야 한다. 싸움터에서는 계획을 바꿔야 할 상황이 끊임없이 생기기 때문이다. 따라서 전략은 한순간도 현장에서 눈을 돌리면 안 된다.

제3권

흔히 전략은 장기적이고(단기적이 아닌) 큰 그림이며(지엽적이지 않은) 집권적(분권적이 아닌)이라고 생각한다. 이것은 틀린 말이다. 사실 전략은 매우 포괄적이다. 클라우제비츠는 일찍부터 이른바 '전략의 포괄성'에 주목했다. 전략은 결코 고차원적이고 이론적인 것이어서는 안 되며 어디까지나 실행과 연결되어야 한다. 또한 전략은 큰 목표를 시야에서 놓치지 않고 끊임없이 피드백을 받으며 적절히 상황에 적응시켜야 한다. 결국 전략은 전술 혹은 경영 현장에서 말하는 운영(operations)과 뚜렷이 분리할 수 없고, 분리해서도 안 된다.

전쟁론의 시사 1: 전략은 포괄적이다

전략이라 할지라도 일이 터진 뒤, 날마다 수시로 들어오는 정보를 접한 뒤 그리고 실제로 전투에서 성공한 뒤에야 지시를 내리는 경우가 많다. 그러므로 불확실성의 정도에 따라 나중에 쓸 수 있는 예비 병력을 확보하는 것은 전략적 지휘의 필수조건이다.

제3권

현장은 불완전한 정보와 우발적인 요소가 잠복하고 있기 마련이다. 그것은 계획과 실행에 잦은 변화와 어려움을 준다. 그렇다면 실행과 연결된, 전술과 운영과도 분리될 수 없는 전략 수립은 어떻게 해야 하는가? 한마디로 클라우제비츠는 목표 달성 확률을 높이기 위해 불확실성에 대비한 안전 쿠션을 마련해 놓으라고 권했다.

전쟁론의 시사 2: 예비자원을 쌓아 놓아라

• 경영자는 모든 일이 계획대로 잘 풀리기를 기대하며 전략 계획을 세운다. 이때 최악의 사태에 대비해 모든 부문에 걸쳐 자금, 시간 등의 예비자원을 미리 확보하는 방향으로 계획

을 세우는 것이 좋다.

• 경영자는 자신의 정보가 불충분·불완전하고 예기치 않은 걸림돌이 나타날 수 있음을 늘 염두에 두어야 한다.

전략을 어떻게 성공시킬 것인가

클라우제비츠는 '공격과 방어의 관계'를 다룬 《전쟁론》의 제6권 제3장에서 전략의 핵심 성공요인 여섯 개를 열거하고 있다.

성공을 끌어내거나 용이하게 성공하도록 큰 도움을 주는 요인, 즉 전략적 성공의 주요 요인은 아래와 같다.

① 지형의 유리함

② 뜻밖의 엄습(기습공격 혹은 큰 병력을 적이 눈치채지 못하게 어느 지점에 배치하는 것)

③ 여러 방향에서의 기습

④ 요새 등 싸움 현장의 모든 것 활용

⑤ 백성의 협조

⑥ 위대한 도덕적 힘 활용

클라우제비츠가 군사학에서 정립한 이들 성공요인을 기업경영에 응용해 현대의 경영학 용어로 정리하면 다음과 같다.

- 높은 수준의 핵심 역량 및 시장 이해

- 적절한 시점 포착

- 경쟁 현장 통제

- 충분한 재무자원

- 풍부한 시장 수요

- 높은 사기

여기서 '지형의 유리함'이란 전투 당사자가 잘 아는 지역, 즉 경쟁 주체가 핵심 역량을 갖춘 분야에서 싸울 때 전략의 성공 확률이 높다는 것을 의미한다. 이 경우 당사자가 지형의 유리함을 이용하려면 싸움 현장 가까이에 있어야 한다. 다시 말해 그가 실제로 싸움에 참여해야 한다. 경영학의 관점에서 이는 시장과 가까워야 한다거나 현장 감각이 있어야 함을 뜻한다.

이러한 현장 중시는 오늘날의 경영에서 중요한 화두 중 하나다. 대부분 회사에서 영업·마케팅 부서의 임직원은 고객을 방문해 그들의 이야기를 듣는다. 그러나 정작 전략 기획의 책임을 맡고 있는 회사의 고위 경영진은 고객과 만날 기회가 거의 없다. 클라우제비츠에 따르면 이런 상태는 결코 바람직하지 않다.

전략과 작전 계획은 대부분 모든 것이 반드시 맞다고 볼 수 없는 여러 가지 전제조건 아래서 정해진다. 그리고 좀 더 세부적인 많은 사항은 미리 정할 수 없다. 결국 전략은 함께 싸움터에 뛰어들어 현장에서 구체적인 내용을 지시하고 수시로 전체 계획을 수정해야 한다는 결론이 자연스럽게 나온다. 싸움터에서는 계획을 바꿔야 할 상황이 끊임없이 발생하게 마련이다. 그러므로 전략은 한순간도 현장에서 눈을 돌리면 안 된다. 전략을 군대가 아닌 내각에서 세운 과거의 관행은 사람들이 전체와의 관련성을 반드시 중요하게 여기지는 않았음을 보여 주는 증거다. 이러한 관행을 허용할 수 있는 경우는 내각이 군대와 아주 가까이에 있어서 그것이 사실상 군대의 최고 사령부일 때뿐이다. 제3권

한마디로 말해 '회사의 경영진은 고객을 잘 알아야 하고 이를 위해 그들과 최소한 가끔이라도 접촉해야 한다'는 뜻이다. 그래야 현실에 맞으면서도 차원 높은 전략을 세우는 데 필요한 현장 감각을 갖출 수 있다. 어떤 사장은 일주일에 한 시간씩 불만을 호소한 일곱 명의 고객에게 직접 전화를 건다고 한다. 또 어떤 대기업의 한 이사회 의장은 영업 부서에 미리 말하지 않고 한 달에 한 번씩 이틀 동안 대형 고객을 방문한다. 이는 최고경영자 자신이 현장에 뛰어들어 생생한 정보를 얻고 고객 불만이 무엇인가를 스스로 확인하려는 자세다. 현실적으로 대부분의 최고경영자는 고객 문제에 직접 부딪히기를 꺼린다. 그리고 아랫사람은 윗사람의 그러한 태도를 오히려 다행으로 여긴다.

전쟁론의 시사 3: 고객과 정기적으로 접촉하라

- 회사에 고객과 접촉하는 부서가 따로 있을지라도 경영자가 직접 정기적으로 고객과 접촉해야 한다.
- 특히 회사의 고위 경영진은 고객과 정기적으로 만나 객관적인 정보를 수집할 필요가 있다.

기업은 고객과의 접촉을 통해 고객이 원하는 것뿐 아니라 그것을 언제 원하는지, 경쟁사가 그것을 언제 간과하는지 등에 대해 감을 잡을 수 있다.(적절한 시점 포착) 때로는 전혀 예상치 않던 시점이 가장 적절한 시점인 경우도 있다. 예를 들면 경쟁사의 빈틈을 공략하는 순간이 있다. 가장 적절한 시점을 포착하는 관건은 평소에 늘 시장과 고객의 동태에 귀를 기울이고 경쟁사의 움직임을 철저히 파악하는 데 있다.

전쟁론의 시사 4: 적절한 시점을 포착하라

- 기업이 가장 적절한 시점을 포착하는 것은 언제나 어려운 일이다.
- 이 문제를 해결하는 궁극적 열쇠는 철저한 고객 지향 정신과 경쟁사에 관한 정보다.

적절한 시점을 포착해 적을 기습하라고 권하는 클라우제비츠는 다음에서 보다시피 작은 행동이 큰 행동보다 더 예측하기 어렵다고 말했다. 같은 맥락에서 큰 행동으로 상대방을 급습하는 것은 쉽지 않은 일이다.

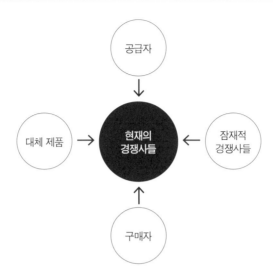

적이 전투에 투입할 부대를 어디로 이동시키는가는 보기만 해도 알 수 있다. 적이 어디서 강을 건널지는 그들의 준비 작업을 보고 알 수 있는데 그들이 그런 일을 한다는 것은 강을 건너기 직전에 알려진다. 또 적이 어느 쪽에서 공격할 것인가는 통상 첫 총성이 들리기도 전에 모든 신문이 대대적으로 보도한다. 이처럼 취하려는 행동이 클수록 그것을 적이 눈치채지 못하게 할 가능성은 낮아진다.

클라우제비츠가 세 번째로 꼽는 성공요인은 '여러 방향에서의 기습'이다. 그러면 그가 말한 싸움터를 '통제해야 할 경쟁 현장'으로 보고 이 요인의 경영학적 시사점을 생각해 보자. 하버드 경영대학원의 마이클 포터(Michael Porter)는 자신의 명저 《경쟁 전략》(Competitive Strategy)에서 한 산업의 경쟁 강도를 결정하는 다섯 가지 요소를 앞의 그림처럼 제시했다.

마이클 포터에 따르면 이 다섯 가지 요소를 모두 통제해야 시장에서의 성공이 오래 지속된다.

전쟁론의 시사 5: 경쟁 현장을 통제하라

- 공급자: 복수의 공급자와 거래하라. 어느 한 특정업체에 대한 의존도를 줄이고 공급자들끼리 서로 경쟁하도록 만들어라.

- 현재의 경쟁사들: 뒤에서 다룰 '최저가격 보장 전략' 같은 세련된 정책으로 경쟁사들의 행동을 예측 가능하게 만들고 그들이 파괴적으로 행동하지 못하게 하라.
물론 당신의 회사가 현재 시장을 독점하고 있거나 인수·합병으로 독점할 상황이라면 그럴 필요가 없다.

- 구매자: 당신 회사의 제품 수요가 늘 충분하도록 하라. 그 관건은 고객욕구를 충족시키는 차별화된 제품을 끊임없이 내놓는 데 있다.

- 대체제품: 시장에서 대체가 불가능한 제품을 만들어라. 설령 대체제품이 있더라도 그것이 당신의 제품보다 비싸야 한다. 만일 당신의 제품보다 더 좋거나 싼 대체제품이 나오면 당신은 즉각 더 나은 대안을 제시해야 한다.

- 잠재적 경쟁사들: 상표인지도 향상 등 여러 가지 전략적 수단을 동원해 새로운 경쟁사가 시장에 들어오지 못하게 하라. 만일 잠재적 경쟁사가 '우리가 시장에 들어가면 값이 떨어져 수익 전망이 어두울 것'이라고 판단하면 그 회사는 시장 진입을 포기할 것이다.

네 번째 성공요인인 '충분한 재무자원'은 따로 설명할 필요가 없는 요소다. 클라우제비츠도 이를 다음과 같이 간단하게 언급하고 있을 뿐이다.

군대와 함께 최대한 강력하게 싸움터로 돌진한다.　　　　　제3권

전쟁론의 시사 6: 재무자원을 비롯한 각종 자원을 충분히 구비하라

• 재력, 시간, 지식 등의 자원이 전략을 실행에 옮길 수 있을 만큼 충분한지 검토해야 한다.
• 만약 그렇지 않다면 필요한 자원을 확보하기 위한 방안을 강구할 필요가 있다. 그러한 방안이 없을 경우 전략 자체를 바꿔야 한다.

　　다섯 번째 요인인 '풍부한 시장 수요'는 경쟁 강도를 결정하는 다섯 요소 중 '구매자' 부분에서 이미 다뤘다. 마지막 핵심 성공요인인 '높은 사기'는 클라우제비츠가 특히 중요시한 요소로 다음에서 자세히 다룬다.

전략에서 사기(士氣)의 구실

높은 사기(士氣)를 최초로 열광, 의지력 등의 개념으로 부각시킨 클라우제비츠는 전쟁에서 이것을 아주 중요시했다.

전쟁에 대비해 무장한 일반 국민의 다음과 같은 소박한 특성이 군인의 덕목, 즉 고매한 군인정신의 역할을 한다. 용맹, 노련함, 단련, 열광.　　　제3권

적을 제압하려 할 때는 우리의 저항력이 어느 정도인지 헤아려야 한다. 이것은 서로 뗄 수 없는 두 요소를 곱한 것으로 표현할 수 있는데, 그 두 요소는 '현재 있는 자원의 크기'와 '의지력의 강도'다.　　　제1권

사기를 논할 때 우리는 두 가지 질문을 던져야 한다.

첫째, 우리가 성공할 때까지 버틸 수 있을 만큼 사기가 충분히 높은가?

둘째, 우리가 이겨 낼 수 있을 만큼 적의 사기가 충분히 낮은가?

우리의 사기와 자원 그리고 적의 사기와 자원이 어느 정도인지 알면 우리가 이길 확률을 대충 짐작할 수 있다.

전쟁론의 시사 7: 성공 확률을 높여라

성공 확률 = (우리의 자원 × 우리의 사기) − (적의 자원 × 적의 사기)

클라우제비츠는《전쟁론》전반에서 사기, 의지력, 결의, 자신감, 도덕적 힘, 위대함 등의 중요성을 줄기차게 강조하고 있다. 그는 전쟁에서 이기려면 무엇보다 정신력이 중요하다고 생각한 듯하다.

최고경영자의 자질

클라우제비츠는 '도덕적 주요 능력'이라는 제목을 붙인 제3권 제4장에서 성공하는 데 필요한 요소를 아래와 같이 말하고 있다.

> 도덕적 주요 능력은 최고지휘관의 재능, 군인들의 군인정신 그리고 군대의
> 민족정신이다.   제3권

이 말을 현대 기업의 전략 실천과 관련지어 풀어쓰면 다음과 같다.

최고지휘관의 재능: 최고경영자는 과감하게 전략을 실행에 옮겨야 한다.
군인들의 군인정신: 종업원들은 전략을 실천할 수 있어야 한다.
군대의 민족정신: 종업원들은 전략 실천을 열망해야 한다.

여기서 주목할 것은 최고경영자가 첫발을 내딛는 것이 모든 전략 실천의 중심이라는 점이다. 종업원들의 능력, 지식, 사기 등을 아무리 개선해도 세 가지 요소 중 첫 번째 것이 빠지면 나머지는 의미를 잃는다.

조금 이상하게 들릴지 모르지만 전쟁의 이러한 면을 아는 사람이면 누구나 전략적으로 중요한 결단을 내릴 때는 전술적 결정을 할 때보다 훨씬 더 강한 의지가 필요하다는 것을 알고 있다. 전술에서는 순간순간 발생하는

일이 결정적 변수로 당사자는 마치 저항하면 최악의 결과로 치닫는 소용돌이에 빠진 것 같은 느낌을 받는다. 그는 솟구치는 의구심을 억누르고 대담하게 더 앞으로 나아간다. 반면 전략에서는 모든 것이 훨씬 더 천천히 진행되고 각종 의구심, 이의, 항의, 때아닌 후회 등의 여지가 많다. 또한 전술에서는 일이 어떻게 돌아가는지 적어도 절반은 두 눈으로 확인할 수 있지만, 전략에서는 모든 것을 추측 또는 추정해야 하므로 확신의 힘이 약하다. 그래서 대부분의 장군이 행동해야 할 때 잘못된 의구심에 빠져 꼼짝달싹하지 않는 것이다.   제3권

이처럼 클라우제비츠는 '전략에서는 망설이는 비관주의자보다 희망과 확신을 주는 지도자가 필요하다'고 생각했다. 이런 지도자는 어떤 특성을 갖춰야 할까? 그는 다음과 같이 말했다.

이 길을 흔들림 없이 가고, 계획을 제대로 시행하고, 수많은 자질구레한 일로 인해 수시로 계획을 바꾸는 일이 없도록 하려면 강한 성품 외에 아주 맑고 안정적인 마음이 필요하다. 세상에는 뛰어난 사람이 매우 많다. 어떤 사람은 지적 능력이 뛰어나고, 어떤 사람은 명민하며, 어떤 사람은 용감하다. 또 어떤 사람은 의지가 강하다. 이 모든 덕목을 갖춰야 평범한 지휘관이 아닌 위대한 최고지휘관이 될 수 있다. 하지만 그런 사람은 아마 1,000명 중 한 명 찾기도 힘들 것이다.   제3권

결국 중요한 것은 계획이 아니라 실행을 통한 성과 창출이다. 서양 속담에 이런 말이 있다. "웅변은 은이요, 행동은 금이다." 행동하는 것, 실행은 위험을 감수한 용기 있는 사람만이 할 수 있는 것이다. 나아가 오늘날의 기업에 특히 필요한 것 역시 위험을 무릅쓰는 용기, 과감한 도전정신이라고 생각한다. 이것이 평범한 회사를 훌륭한 회사로 만들기 때문이다.

클라우제비츠의 목표론

기업이 전략을 세우고 실행하는 데 무엇보다 중요한 것은 뚜렷한 목표다. 전략의 대가 클라우제비츠는 '목표'에 대해서는 어떤 통찰을 갖고 있었을까?

우리는 전쟁 또는 전쟁 기간 중의 개별 전투를 하나의 교전이 또 다른 교전을 유발하는 교전의 집합으로 이루어진 하나의 사슬(chain)로 볼 필요가 있다. 그렇게 하지 않으면 우리는 특정 지점을 점령하고 무방비 상태의 지역을 탈취하는 것 자체가 중요하다는 착각에 빠지고 만다. 즉, 우리는 전쟁 중에 그러한 것을 전리품으로 챙길 수 있다고 생각한다. 또한 우리는 이 일련의 행위를 전체적 맥락 속에서 바라보지 않는 탓에 그렇게 얻은 것이 나중에 혹시 더 큰 족쇄가 될 수 있다는 생각을 하지 않는다. 제1권

목표를 설정하는 사람은 반드시 장기적인 결과를 고려해야 한다. 우리는 이 말을 다음과 같이 풀어쓸 수 있다.

전쟁론의 시사 9: 목표를 점검하라

- 모든 의사결정 및 행동에 앞서 그 결정과 행동이 목표 달성에 도움을 주는가를 반드시 스스로에게 물어야 한다.
- 그런 다음 장기적으로 해가 되지 않는 행동만 해라.

앞에 인용한 글을 자세히 보면 클라우제비츠는 장기적인 결과를 생각하지 않는 것뿐 아니라 하나의 목표를 절대적인 종점으로 보는 것도 경계하고 있음을 알 수 있다. 과정(process)의 개념에서 하나의 목표는 동시에 그다음 목표를 향한 출발점이다. 클라우제비츠에게 하나의 목적지는 종착역이 아닌 중간 기착지로, 다음 정거장으로 나아가

는 곳일 뿐이다.

전쟁론의 시사 10: 여러 목적지의 사슬로 길을 연결하라

• 목표를 세울 때는 늘 과정의 관점에서 생각해야 한다.

• 경영자는 최소한 두 개의 목표를 고려해야 한다. 하나는 곧바로 달성해야 하는 목표이고, 다른 하나는 그 후에 추구해야 하는 목표다. 이렇게 하면 회사가 궁지에 빠지지 않고 계속 나아갈 확률이 훨씬 더 높다.

경영 전략에서의 '우연'의 중요성과 '가능성'의 영향

클라우제비츠는 우연의 중요성과 가능성의 영향에 대해 획기적인 글을 남겼다. 전략 목표 달성에 지대한 영향을 미치는 이 두 요인에 관한 그의 아이디어는 오늘날의 혼돈(chaos) 이론과 깊은 관련이 있다.

전쟁은 그 객관적인 본질로 인해 일종의 확률 게임이 될 수밖에 없다. 단 하나의 요소만 더 있으면 그것은 (확률 게임이 아닌) 진짜 게임이 되는데, 전쟁에는 늘 그런 요소가 있게 마련이다. 그것은 바로 '우연'이다. 인간 활동 가운데 전쟁만큼 우발적 사건과 끊임없이, 광범위하게 부딪히는 것도 없다. 바로 이 우연이라는 요인 때문에 전쟁에서는 운수와 요행이 매우 중요한 위치를 차지한다. 제1권

또한 클라우제비츠는 단지 우발적인 사건뿐 아니라 어떤 일이 일어날 가능성 그 자체도 사태 전개에 영향을 준다고 생각했다.

전투 병력을 어느 한 지점에 배치하기만 해도 그곳에서 전투가 벌어질 가능성이 생긴다. 그렇다고 반드시 싸움이 일어난다는 얘기는 아니다. 그러면 우리는 가능성을 '현실'로, 즉 실제로 존재하는 것으로 간주해야 할까? 그렇다. 가능성은 그것이 빚어내는 결과로 인해 현실이 되며 이처럼 가능성이 결과에 미치는 영향은 (그것이 무엇이든) 없을 수 없다. 따라서 있을 수 있는 전투는 그것이 원인으로 작용해 생기는 결과 때문에 실제 전투로 보아야 한다.
제3권

가능성 자체는 실제로 일어난 일이 아니지만 그것은 언젠가 실제 사건이 될 개연성이 있다. 클라우제비츠는 그러한 개연성이 사태 진행, 특히 어떤 사건이 실제로 일어나지 못하게 하는 데 어마어마한 영향을 미칠 수 있음을 알아차린 것이다. 이러한 아이디어는 완전히 새로운 전략적 발상으로 이어지기도 한다. 예를 들어 90년대에 끝난 냉전시대를 생각해 보자. 냉전시대에는 미소 양국이 세계를 멸망시킬 수도 있다는 가능성 자체가 양쪽 모두 핵전쟁을 벌이지 못하게 하는 억지력으로 작용했다.

전략적 기획에서 지금까지는 대체로 이러한 '가능성'의 중요성을 과소평가했다. 그러나 가능성의 영향이 중요한 영역에서는 실제로 그것이 상당한 영향력을 발휘한다. 냉전시대에 정치 분야에서는 어느 한 쪽이 먼저 공격하면 다른 한쪽이 즉각 반격할 것이라고 위협했고 실제로 그럴 가능성이 있었다. 이러한 핵 억지력으로 세계대전을 예방한 셈이다. 아쉽게도 이러한 논리가 소규모 국지전에서는 통하지 않는다. 경영 분야에서는 이른바 '최저가격 보장 전략'을 예로 들 수 있다. 이 전략을 펼치는 회사는 경쟁사가 자사보다 더 싸게 팔면 그 값에 맞춰 팔 것을 보장한다. 경쟁사들의 관점에서 이는 자사가 값을 내릴 때마다 그 회사도 값을 떨어뜨릴 가능성을 뜻한다. 이 경우 판매 확대를 위해 값을 떨어뜨리는 전략은 의미를 잃는다. 따라서 가격전쟁도 일어나지 않는다. 즉, 가능성이 현실로 나타나지 않아도 그것이 실질적인 영향력을 행사해 시장 가격이 안정되는 것이다.

전쟁론의 시사 11: 가능성을 현실로 취급하라

- 경쟁력이 비슷한 경쟁사가 협조하도록 만들고 싶을 경우에는 상대방이 공격하면 당신이 즉각 강력하게 반격할 것이라는 의도를 설득력 있게 전해야 한다. 당신의 반격은 경쟁사가 공격 효과를 거두지 못하게 할 것이므로(가능성!) 경쟁사는 아예 처음부터 공세를 취하지 않을 것이다.

- 위의 논리는 역학관계가 균형을 이루지 않을 때는 적용되지 않는다. 다시 말해 당신의 회사가 너무 약해 당신의 위협을 상대방이 심각하게 받아들이지 않으면 위협 전략은 먹히지 않는다.

경영의 의미를
다시 생각하라

2005년 11월 11일 세상을 떠난 피터 드러커(Peter Drucker, 1909~
2005)는 20세기가 낳은 가장 뛰어나고 존경받는 경영사상가다. 무려
60년에 걸쳐 서른아홉 권의 주옥같은 저서를 남긴 드러커가 평생 화
두로 삼은 두 개의 핵심 용어는 종업원(workers)과 미래였다. 그의 경
영사상의 핵심 역시 '기업 성공의 열쇠는 헌신적인 종업원'이었다. 사
망한 지 벌써 10년이 넘은 이 위대한 경영사상가의 영향력은 세월이
갈수록 줄어들기는커녕 더욱 커지는 듯하다.

그가 세상을 떠난 뒤 세계 경제는 큰 위기를 겪었고(2008년의 금융위
기) 우리는 지멘스(Siemens)나 폭스바겐(Volkswagen) 같은 글로벌 기
업은 물론 금융회사들의 비리를 목격했다. 이 일련의 사태를 겪은 이

후 사람들은 피터 드러커를 예전과 조금 다른 시각으로 평가하고 있다. 그는 직접 모범을 보임으로써 우리에게 다음의 다섯 가지 교훈을 가르쳐 주었다.

첫째, '생각하는 경영'의 엄청난 중요성을 일깨워 주었다. 경영자는 행동하기 전에 더 많이, 더 깊이 생각해야 한다. 사실 경영자는 늘 시간에 쫓기고 스트레스에 시달리기 때문에 충분한 시간을 들여 깊이 생각할 여유가 부족하다. 나는 이것이 많은 잘못된 결정의 주요 원인이라고 확신한다.

둘째, 문제를 바라보는 전체적인(holistic) 시각을 제공했다. 드러커는 경제, 사회, 기업이 부딪히는 각종 어려움을 넓은 시야로 바라보았고 또 그렇게 이해했다. 한마디로 그는 단순한 전문가가 아니라 만능 지식인(generalist)이었다.

나는 어느 한 분야에서 전문성을 갖추는 것은 반드시 필요하다고 본다. 특히 오늘날 세계무대에서 경쟁하려면 전문성은 필수불가결한 요소다. 다른 한편으로 우리는 세계를 전체적인 시각으로 바라보는 포괄적인 안목도 갖춰야 한다. 언뜻 피터 드러커는 이 문제에 대해 상반된 견해를 보이는 듯하다. 우선 그는 한 가지 일에 지독히 열중하는 전문가를 높이 평가했다. 그가 1978년에 출간한 《방관자의 모험》(Adventure of a Bystander)이라는 자서전에는 그가 개인적으로 알았고 역사에 큰 발자취를 남긴 두 과학자의 이야기가 나온다. 한 사람은 물리학자 버크민스터 풀러(Buckminster Fuller)이고, 또 한 사람은 커뮤니케이션 전문가 마셜 맥루한(Marshall McLuhan)이다. 드러커는 이렇게 얘기한다.

> 그들은 내게 '한 가지 일에 매진하는 것의 중요성'을 모범적으로 보여 주고 있다. 한 가지 일에 지독히 열중하는 사람이야말로 진정 무언가를 성취한다. 나를 비롯한 그 나머지 사람들은 더 재미를 느낄지는 몰라도 자신의 역량을 허비할 뿐이다. 풀러나 맥루한 같은 사람은 사명을 달성하려 하고 나머지 사람들은 그저 관심을 갖고 있을 뿐이다. 오직 사명감을 갖고 한 가지 일에 전념한 사람만이 무언가를 이룬다.

그러나 한편 드러커의 진정한 강점은 그가 늘 커다란 그림을 보았다는 사실이다. 그 강점으로 그는 우리가 세계를 더욱 잘 이해하는 데 큰 도움을 주었다.

셋째, 역사를 깊이 이해했다. 역사에 관한 한 그는 거의 백과사전적 지식을 갖췄고 그 방대한 지식을 바탕으로 현재, 과거, 미래를 기기묘묘한 방법으로 연결했다. 즉, 그에게는 탁월한 연관 능력(the skill of association)이 있었는데 아서 퀘스틀러(Arthur Koestler)는 "연관 능력이야말로 창의성의 진정한 원천이다."라고 말한 바 있다.

예를 들어 드러커는 1999년에 나온 《21세기 지식경영》(Management Challenges for the 21st Century)에서 오늘날의 정보기술을 인쇄술의 역사에 비추어 고찰한 다음, IT혁명의 승자는 현재의 하드웨어나 소프트웨어 회사가 아니라 지식과 콘텐츠를 다루는 출판사일 것이라고 예견했다. 이와 함께 그는 독일의 세계적인 영어서적 출판사 베르텔스만(Bertelsmann) 같은 회사를 예로 들었다.

현재 일어나고 있는 현상과 미래를 과거에 비춰 해석해 귀중한 통찰을 얻는 것은 대다수 경영학자에게 찾아보기 힘든 피터 드러커의 독특하고 위대한 강점이었다.

넷째, 윤리경영을 제창했다. 그는 "기업은 근본적인 가치와 덕목 아래 가치지향적으로 경영해야 한다."고 설파했다. 그래서 그는 탐욕, 과대망상, 고위 경영진의 지나친 보수 등에 관해 늘 경고했다. 그가 특히 역겹게 생각한 것은 회사의 경영자가 수천 명의 근로자를 내보내면서 자신은 계속 엄청난 수입을 챙기는 것이었다. 그런 행위에 대해 그는 다음과 같이 말한 바 있다.

이것은 도덕적, 사회적으로 용납할 수 없는 행위다. 우리는 이에 대해 비싼 대가를 치를 것이다.

그가 주창한 경영 관련 덕목은 고객을 진정으로 섬기기, 혁신을 통한 실제 가치 창출, 사용자와 피고용자 간의 상호 충성, 장기 지향적, 지나치게 큰 위험의 회피 등이었다.

다섯째, 드러커는 시장점유율이 아닌 이익 중심의 경영 패러다임을 강조했다. 이와 관련해 그는 유명한 말을 남겼다.

이익은 기업이 생존하기 위한 비용이다.

이익은 기업이 '내면 좋은 것'이 아니라 기업이 살아남기 위해 '반드시 내야 하는 것'이다. 경영진의 과제는 매출액과 총원가의 차이를 벌리는 데 있다. 여기서 말하는 이익은 장기이익을 의미한다. 이런 이유로 그는 경영자가 연구개발 예산을 삭감하거나 정리해고, 생산시설 폐쇄(합리화가 아닌) 등의 조치로 단기이익을 끌어올리려 하는 것에 찬성하지 않았다. 그런 행위는 기업의 경쟁력을 약화시켜 결국 장기이익 및 주주가치의 하락으로 이어지기 때문이다.

모든 경영활동의 초점을 '인간'과 '이익'에 맞추고 넓고 깊게 생각한 후 과감하게 행동하라.

위대한 경영사상가 드러커의 가르침이 현대 경영자에게 주는 시사점은 위와 같이 정리할 수 있다. 또한 드러커의 사상을 본받으려고 애쓰는 나 자신이 그리는 이상적인 현대 경영자의 모습은 다음과 같다.

- 원대하고 간절한 목표를 세우고 그것을 모든 임직원과 공유한다.
- 회사와 자신을 구분하지 않고 회사 일에 몰두한다.
- 언제나 활력이 넘치고 끈기 있게 행동한다.
- 항상 일과 즐거움이 공존하는 기업문화를 정립한다.

이것은 여담이지만, 어느 날 피터 드러커와 개인적으로 가까웠던 《히든 챔피언》(Hidden Champions)의 저자 헤르만 지몬(Hermann Si-mon)이 드러커에게 물었다.

"당신은 스스로를 역사 저술가로 보는가, 아니면 경영사상가로 보는가?"

드러커는 조금도 망설이지 않고 '역사 저술가'라고 대답했다. 실제로 역사라는 훌륭한 도구로 우리를 가르친 그는 새로운 안목을 열어 주고 우리가 미래를 더 잘 이해하게 해주었다. 즉, 그의 역사적 혜안이 그가 미래 경영사상가로 빛을 발하도록 해준 것이다.

성공하는 기업에는
도전정신이 있다

2015년 한국 경제와 기업의 화두는 단연 '새로운 도전'이었다. 그동안 숱한 어려움과 시련을 이겨 낸 우리는 이제 세계 일곱 번째로 '30-50 클럽' 가입을 눈앞에 두고 있다. 현재 '1인당 국민소득 3만 달러 이상, 인구 5,000만 명 이상'을 충족시킨 나라는 여섯 나라(미국, 영국, 독일, 프랑스, 이탈리아, 일본)뿐인데 이제 대한민국이 높은 생활 수준과 대외적으로 비중 있는 경제 규모를 함께 갖춘 '30-50클럽'의 신규 회원이 될 전망이다. 영화《국제시장》이 보여 준 그대로 찢어지게 가난했던 우리의 현대사를 생각하면 그야말로 장족의 발전을 한 셈이다.

하지만 역사는 안주하는 국가 혹은 집단에 아주 냉혹하므로 한국 경제와 기업은 끊임없이 변화를 도모해야 한다. '모든 것은 늘 변한다'

는 불변의 진리를 잘 알고 있던 중세 이탈리아의 사상가 니콜로 마키아벨리(Niccoló Machiavelli, 1469~1527)는 현재 상황에 안주해 미래를 대비하지 않는 지도자를 결코 동정하지 않았다. 준비하지 않는 지도자에 대한 그의 태도는 경멸에 가까웠다.

> 우리(이탈리아) 군주들은 오랫동안 군림한 뒤에는 지배권을 잃었다. 그들은 자신의 운명을 탓하기보다 나약함을 한탄해야 한다. 그들은 평온한 시절에 상황이 바뀔 수 있음을 생각하지 않았고(대다수는 바다가 조용할 때 폭풍우를 생각하지 않는 오류를 범한다) 혹독한 시련이 닥쳤을 때 나라를 지키기보다 도망갈 생각을 했다. 또한 그들은 백성이 외적의 침입에 분개해 자신을 다시 불러들일 거라고 착각했다. 《군주론》 Il Principe 제24장

시대와 상황은 끊임없이 변하기 때문에 특정 시점이나 상황에 맞는 해결책이 다른 시점이나 상황에는 적합하지 않을 수 있다. 그런데도 옛날 방식을 고집하면 그 결과는 빤하다. 그런 까닭에 마키아벨리는 이렇게 말한다.

> 어떤 사람이 신중하고 참을성 있게 처신하고 그의 행동 방식이 시대와 상황에 부합하면 그는 성공할 것이다. 반면 시대와 상황이 달라졌는데도 옛날 방식을 고수하면 그는 몰락한다. 《군주론》 제25장

따라서 여전히 막강한 영향력이 있는 《군주론》의 저자 마키아벨리가 우리에게 던지는 메시지는 아래와 같다고 할 수 있다.

위기를 변화를 위한 고마운 벗으로 여기고 과감히 도전하라!

이렇게 위기를 변화의 기회로 삼고 과감히 도전하는 오늘날의 리더 또는 기업들을 찾아본다면 어떨까? 도전정신으로 끊임없이 차별화하고 고객가치를 찾아내는 기업 말이다. 나는 세계 시장을 휩쓰는 히든 챔피언이 그 모델이 된다고 생각한다. 그중에서도 독일의 1,300여 개의 히든 챔피언들을 손꼽을 수 있다. 그들은 세계 시장점유율, 성장률, 수익률, 생존 능력, 기술력 등 여러 가지 경영성과 지표에서 지속적으로 뛰어난 성과를 올리고 있다. 이들 히든 챔피언의 가장 중요한 성공 요인은 최고경영자의 리더십인데, 그 리더십 점수를 높여 주는 것이 바로 도전정신이다.

이들 히든 챔피언의 리더에게는 대체로 다음과 같은 다섯 가지 공통점이 있다.

- 회사와 자신을 구분하지 않는다.
- 집중적으로 목표를 향해 매진한다.
- 두려움이 없다.
- 활력과 끈기가 있다.

- 다른 사람에게 영감을 준다.

그러면 이 다섯 가지 요소를 좀 더 구체적으로 살펴보자.

회사와 자신을 구분하지 않는다

히든 챔피언의 리더들은 회사와 자신을 구분하지 않고 회사 일에 철저히 몰두한다. 마치 뛰어난 예술가가 생활과 작품 활동을 분리하지 않듯 그들에게는 회사와 자기 자신이 둘이 아니다. 쫄깃한 하리보 젤리로 세계 시장을 석권하고 있는 하리보(Haribo)의 사장 한스 리겔(Hans Rigel)을 지켜본 사람들은 이렇게 말한다.

"그는 회사와 늘 하나였습니다."

집중적으로 목표를 향해 매진한다

위대한 경영사상가 피터 드러커는 언젠가 기업의 목표에 대해 다음과 같이 말했다.

각 기업에는 단순명료하고 일관성 있는 목표가 있어야 한다. 이 목표는 이해하기 쉽고 도전할 만한 것이어야 하며 이를 통해 회사의 모든 사람이 공통의 비전을 가져야 한다. 최고경영자는 깊이 생각해 이러한 목표를 정하고 그것을 널리 알린 다음, 몸소 그에 따라 행동해야 한다.

세계 시장을 움직이는
히든 챔피언은 무엇으로 성공했는가

독일이 낳은 세계적인 경영학자 헤르만 지몬은 1996년 미국에서 처음 《히든 챔피언》을 출간했다. 그 후 계속 진화해 온 이 책을 최초로 출간한 곳은 '하버드 비즈니스 스쿨 출판부'로, 부제는 '세계 최고의 알려지지 않은 500개 회사가 전해 주는 교훈'이었다. 이 책은 출간되자마자 선풍적인 인기를 끌었고 당시 영국의 권위 있는 경제지 《이코노미스트》는 다음과 같이 평했다.

"《히든 챔피언》은 유럽에서 개발된 경영 노하우가 경영학의 본고장인 미국으로 건너온 매우 드문 사례다."

이후 지몬은 10여 년 동안 이 분야를 꾸준히 연구해 2007년 9월 독일에서 《21세기의 히든 챔피언》(Hidden Champions des 21. Jahrhunderts, 한국 번역본《히든 챔피언》)을 출간했다. '일려지지 않은 세계 시장 선도기업들의 성공 전략'이라는 부제가 달린 이 책은 나오자마자 독일의 서점가를 강타했고 세계 여러 나라 언어로 번역되었다. 이 책에서 지몬은 먼저 히든 챔피언이 어떤 회사인지 자세히 설명한 뒤 세계 시장에서의 그들의 뛰어난 업적을 논의했다. 이어 엄청난 자료를 동원해 이들이 어떻게 성과를 올렸는지 차근차근 알기 쉽게 밝혔다. 그가 제시하는 히든 챔피언들의 성공 전략은 다음과 같다.

야심 찬 목표

히든 챔피언은 매우 야심 찬 목표를 추구한다. 이들이 추구하는 목표 가운데 가장 대표적인 것은 시장에서의 주도적 위치(market leadership)다. 어떤 회사는 시장점유율이 아닌 품질이나 기술에서 1위가 되려고 노력한다. 또는 시장의 행동규범을 스스로 정하는 것, 즉 일종의 심리적 시장 선도(psychological market leadership)를 목표로 내세우기도 한다. 예를 들어 마취 장비와 방독면을 생산하는 세계적인 회사 드레거(Dräger)는 기술과 마케팅에서 업계 선도를 목표로 삼고 있다. 이처럼 이들은 명확하고 원대한 목표를 세운 다음 이를 회사의 모든 구성원에게 정확히 알리고, 목표 달성을 위해 오랜 세월 동안 물러서지 않고 철저히 노력한다.

전략적 초점

히든 챔피언은 명확한 '집중 전략'을 쓴다. 이들은 '우리는 ○○분야의 전문가다', '우리는 작은 시장의 거인이 되려 한다', '우리는 다른 업종을 넘보지 않는다'라고 말한다. 즉, 이들은 자기 회사의 핵심적인 강점에 집중하며 그것을 지속적으로 개선한다. 그 결과 그 강점은 이들 회사의 믿음직스러운 전략적 경쟁우위가 된다.

세계화

히든 챔피언이 전 세계에서 판매하는 것은 그들의 전문화된 제품 및 기술 정보(노하우)다. 다시 말해 제품과 노하우에서의 전문성 그리고 지역적 의미에서의 넓은 마케팅 활동을 결합하는 것이 전략의 두 기

▼ 히든 챔피언들의 전략의 두 기둥

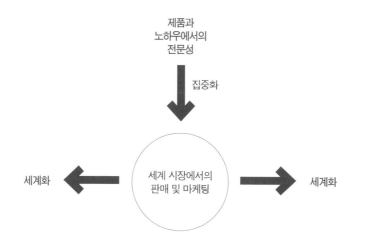

등이다. 이러한 전략은 당연히 철저한 세계화의 바탕 위에서만 성공할 수 있다. 이들은 해외에 평균 30개의 자회사를 두고 있는데 이는 중소기업 치고는 꽤 많은 숫자다.

고객과 가깝다

히든 챔피언의 임직원들은 마케팅 전문가는 아니지만 고객 지향 정신이 대기업보다 훨씬 더 강하다. 예를 들어 고객과 직접 접촉하고 고객의 욕구 및 필요를 더 잘 아는 직원들의 비율이 대기업 평균보다 다섯 배나 높다.

그로만-엔지니어링(Grohmann-Engineering)은 마이크로 전자제품 조립 장비를 생산하는 세계적인 회사로 이들은 전 세계 상위 30개 회사에 마케팅 활동을 집중한다.

글로벌 생수업체에 물을 병에 담는 보틀링(Bottling) 설비와 충전, 포장 설비를 공급하는 크로네스(Krones)는 세계 시장의 80퍼센트를 차지하는데, 이 회사는 고객 문제를 가장 잘 아는 정비공들이 반드시 개발팀과 교류하도록 한다. 이들 회사에서는 생산부서 직원이 서비스하는 경우도 많으며 이들은 직접 고객과 접촉한다.

높은 혁신성

히든 챔피언은 대단히 혁신적이다. 이들에게 혁신이란 제품과 공정을 의미하며 이들은 어떤 획기적인 혁신을 추구하기보다 꾸준히 제품 및 공정을 개선하는 데 주안점을 둔다. 티끌 모아 태산이 되듯 작은 개선이 쌓여 완벽에 이른다는 것이 이들의 생각이다.

시장과 기술의 통합

히든 챔피언은 시장과 기술에 비슷한 비중을 둔다. 다시 말해 이들은 지나치게 시장에만 치우치지 않으며 기술의 힘만 맹신하지도 않는다. 결과적으로 대기업에서 흔히 볼 수 있는 기술 편향 혹은 시장 편향의 흠이 없다. 덕분에 신제품을 개발할 때는 마케팅 부문과 연구개발, 제조 부문이 서로 비슷한 정도의 영향을 미친다. 즉, 이들은 기술 중시 회사인 동시에 시장 중시 회사다.

뚜렷한 경쟁우위

히든 챔피언은 경쟁사와 치열하게 경쟁한다. 때로 강력한 경쟁사가 지리적으로 멀리 떨어져 있지 않으며 심지어 같은 지역에 있는 경우도 있다. 예를 들어 드라고코(Dragoco)와 하르만 앤 라이머(Haarmann & Reimer)는 모두 세계적인 향료 제조회사로 이들의 본사는 홀츠민덴에 있다. 또한 세계 굴지의 외과기구 분야 회사들은 대부분 튀틀링겐 지역에 몰려 있다.

　치열한 경쟁 환경 속에서는 세계 최고 수준을 자랑하는 회사만 살아남으며 이들은 예외 없이 뚜렷한 경쟁우위를 갖추고 있다. 히든 챔피언은 대개 제품의 품질, 서비스, 고객 지향 정신 면에서 경쟁사를 압도하는데 어느 시장에서든 이 세 가지를 갖춘 회사를 이기는 것은 무척 어렵다.

스스로의 힘에 의존한다

오늘날에는 전략적 제휴가 하나의 유행처럼 되어 버렸지만 이들 회사는 스스로의 힘과 능력에만 의존한다. 즉, 생산과 연구개발 분야는 물론 해외 시장에 진입할 때도 가급적 남의 힘을 빌리지 않으려 한다. 그이유는 품질 관리에 만전을 기하고 회사의 기술 정보를 보호하기 위해서다. 이들은 근본적으로 다른 사람이 자사의 문제를 해결해줄 수 있다고 생각하지 않는다.

직원들의 애사심이 강하다

히든 챔피언의 직원들은 회사와 자신을 동일시하는 경향이 있으며 일에 대한 열정이 강하다. 이처럼 높은 동기유발 상태를 강화하기 위해 이들 회사는 대체로 직원을 적은 수준으로 유지한다. 그래서 늘 사람보다 일이 더 많다. 특히 이들은 수습 기간 동안 수습사원을 엄격히 관찰해 정규직원을 엄선한다. 이런 과정을 거쳐 뽑힌 직원들의 결근율과 이직률은 상대적으로 낮은 편이다. 회사 내부의 갈등도 대기업보다 훨씬 적으며 임직원들은 튼튼한 유대관계를 맺고 있다.

강한 지도력

히든 챔피언의 최고경영자는 개성이 강하며 비전과 카리스마적 권위를 갖추고 있다. 이를 통해 이들은 회사가 추구하는 근본 가치를 조직 내에 전파한다. 하지만 이들은 그 가치를 실제로 실행하는 면에서는 너그럽다. 아랫사람들이 융통성을 발휘하게 한다. 이들 최고경영자의 재임 기간은 평균 22년이라 경영층의 연속성이 상당히 높은 편이다.

결론적으로 우리는 히든 챔피언의 기업문화를 아래의 그림처럼 나타낼 수 있다. 그 핵심에는 강한 지도력이 있으며 이는 '야심 찬 목표'

▼ 히든 챔피언의 세 개의 원과 기업문화

의 형태로 나타난다.

그림에 나타나 있듯 핵심에서 발전한 두 번째 원은 내부역량이다. 그 구체적인 내용은 '스스로의 힘에 의존', '지속적인 혁신', '기술과 시장에 대한 균형감각' 그리고 '엄선되고 애사심이 강한 직원들'이다.

이러한 내부의 힘은 외적 강점으로 바뀌는데 이는 '전략적 시장 집중', '고객 지향 정신', '뚜렷한 경쟁우위', '세계화'의 형태를 띤다. 이처럼 기업문화의 여러 요인이 어우러져 종합적으로 나타난 결과가 세계 시장 제패다.

《히든 챔피언》이 나온 이후 히든 챔피언 경영모델은 전 세계에 널리 퍼져 나갔다. 더불어 세계 경제는 2008년의 금융위기를 비롯해 여러 가지 급속한 변화를 겪었다. 이런 상황을 반영해 헤르만 지몬은 2012년 8월 또다시 《히든 챔피언 글로벌 원정대》(Hidden Champions-Aufbruch nach Globalia)라는 명저를 내놓았다. 이 책의 가장 큰 특징은 글로벌화가 완성된 미래 세계, 즉 글로벌리아(Globalia)의 여러 측면을 자세히 논의한다는 점이다. 그리고 전 세계 히든 챔피언의 절반에 가까운 1,307개의 초우량 중소기업이 독일에 몰려 있는 까닭도 설득력 있게 제시한다. 2007년 이후의 변화를 반영해 책 안의 모든 자료와 수치를 최신의 것으로 바꾼 것은 말할 것도 없다.

헤르만 지몬은 방대한 내용을 논의한 뒤 놀라운 경영과 전략을 지속적으로 발견할 수 있는 곳은 대기업이 아니라 히든 챔피언이라고 말한다. 또한 앞에서 보았다시피 히든 챔피언의 경영 방식은 현대 경영학,

특히 미국의 경영학이 가르치는 것과는 많이 다르다. 그들은 단호하게 그들 나름대로의 길을 걸으며 고객만족, 혁신, 품질 등의 근본 원칙을 다른 회사들보다 더 철저히 실행한다. 어쩌면 그들의 그 독자적인 경영철학과 자세야말로 우리에게 주는 궁극적인 교훈인지도 모른다.

어떻게
혁신을 거듭하는가

세계 시장을 석권하고 있는 독일 히든 챔피언의 경영 전략은 크게 두 축으로 이루어져 있다. 하나는 전문화고 다른 하나는 세계화다. 즉, 고도로 전문화되고 부가가치가 높은 제품으로 전 세계에 흩어진 틈새시장에 파고드는 것이 그들의 기본 전략이다. 또한 그들은 제품의 핵심 부분을 거의 다 직접 만들기 때문에 이른바 '부가가치 자체생산비율'이 매우 높다. 히든 챔피언의 전형으로 부를 만한 풍력발전 설비회사 에네르콘(Enercon)의 경우 자체생산비율이 75퍼센트가 넘는다.

이러한 전문성 및 자체생산비율을 뒷받침하는 것은 바로 끊임없는 혁신이다. 한국형 히든 챔피언을 더 많이 배출하려 할 때 반드시 확보해야 하는 것이 제품의 전문성인데, 이를 위해 독일의 히든 챔피언의 혁신 노하우를 연구하는 것도 좋을 듯하다.

대중이 눈치채지 못하는 사이에 혁신으로 시장에 커다란 변화를 주고 있는 대표적인 히든 챔피언은 다음과 같다.

• 젠하이저(Sehnheiser): 뛰어난 혁신으로 '고성능 마이크' 시장에서 미국의 경쟁사를 밀어내고 세계 제일의 위치를 차지했다.

• 칼 자이스 SMT(Carl Zeiss SMT): 칩(chip) 공장에 석판렌즈를 공급하며 2006년부터 석판 시스템 분야 중 세계에서 가장 현대적인 공장을 운영하고 있다. 네덜란드의 반도체 장비회사 ASML은 기계에 자이스 제품을 장착하는데 자이스는 최근 ASML과 함께 세계 시장 점유율 55퍼센트를 달성했다. 90년대에 시장 선도기업이던 일본의 니콘(Nikon)은 이제 세계 시장 점유율이 15퍼센트에 지나지 않는다.

• 에네르콘: 풍력발전 분야의 확실한 기술 선도기업으로 전 세계의 관련 특허 가운데 40퍼센트 이상을 보유하고 있다.

이들의 성공비결은 어디에 있을까? 먼저 이들의 뛰어난 혁신 능력을 보여 주는 자료를 살펴보자.

• 히든 챔피언은 매출액의 평균 5.9퍼센트를 연구개발에 쓰는데 이는 독일에서 혁신기업으로 분류된 기업들의 평균 지출보다 거의 갑절이나 높은 수치다. 특히 이것은 전 세계에서 연구개발에 가장 많이 투자하는 회

사 1,000곳의 연구개발비 지출비율보다 50퍼센트나 더 높다.

- 종업원 1,000명당 특허출원 건수가 대기업은 5.8건인데 비해 히든 챔피언은 30.6건이다.

- 특허 신청을 위해 지출한 연구개발비는 히든 챔피언의 경우 52만 9,000유로이고 대기업은 건당 259만 유로다.

히든 챔피언이 이처럼 막강한 혁신 경쟁력을 유지하는 비결은 무엇일까? 또한 그것이 우리 기업인에게 주는 교훈은 무엇일까?

혁신과 관련해 히든 챔피언의 가장 뚜렷한 특징은 혁신의 원동력이 시장(외부) 혹은 기술(내부)이 아니라 '시장과 기술'이라는 점이다. 다시 말해 그들은 시장과 기술을 똑같은 가치를 지닌 혁신의 원동력으로 보고 있으며 그 통합적 시각을 이렇게 표현한다.

"팽창과 성장을 위해 우리는 미래에도 제품 지향과 고객 지향에 전념할 것입니다."

쇼핑카트 시장 선도업체, 반즐(Wanzl)

"우리는 시장과 기술을 통합해 내부의 전문지식과 외부의 시장 기회가 적절히 균형을 맞추도록 했습니다."

수성페인트 분야의 선두주자, 알버딩크 볼리(Alberdingk Boley)

통합적 시각이 시장이든 기술이든 어느 한쪽에만 치우치는 전략보다 훨씬 더 탁월하다는 것을 입증하는 자료는 아주 많다. 이것은 시장 지향성과 기술 지향성을 서로 배제하는 대립 요소가 아니라 보완 요소로 해석하는 입장과 비슷하다. 결국 혁신에 관해 히든 챔피언이 우리에게 주는 첫 번째 교훈은 이렇게 정리할 수 있다.

> 성공적인 혁신을 위해서는 항상 내부의 전문지식과 외부의 시장 기회가 만나야 한다.

히든 챔피언의 최고경영자는 훨씬 더 적극적으로 혁신 활동에 관여하고 자극을 줌으로써 혁신에 지대한 공헌을 한다. 연구개발의 최고책임자가 최고경영자인 경우도 흔하다. 히든 챔피언 기업에서는 예외 없이 특허 관련 업무가 기업의 최상층부 소관인데 반해 대기업에는 그런 경우가 거의 없다.

앞서 말한 대로 히든 챔피언은 매출액 가운데 많은 액수를 연구개발비로 사용한다. 그래도 그들의 연구개발비 절대 액수는 비교적 낮기 때문에 이들은 한정된 자원과 소수의 인원으로 최대한 문제를 해결하려는 경향이 강하다. 그들에게는 예산의 규모가 아니라 직원들의 우수성이 더 중요한 혁신의 성공 요소다. 어떻게 소수의 인원이 한 기업을 전 세계 기술을 선도하는 기업으로 만들 수 있었을까? 그 해답은 집중과 연속성에 있다. 즉, 한 분야에 집중해 평생 지속적인 개량을 위해 헌신하는 담당 직원들이 중요한 성공비결 중 하나다.

특히 히든 챔피언의 경영진은 혁신에서 성공하려면 연구개발부서와 회사의 다른 부서 사이에 공조 체계가 반드시 필요하다는 점을 누누이 강조한다. 예를 들어 안전벨트용 스프링으로 세계 시장을 선도하는 케른-리버스(Kern-Liebers)의 슬로건은 이렇다. '성공은 우연의 산물이 아니며 참가자 모두의 협조를 통해 생긴다.'

히든 챔피언에서는 부서들 사이의 협조가 대기업보다 잘 이뤄진다. 그리고 각 부서의 원활한 공동 작업은 '훨씬 더 짧은 개발시간'이라는 중요한 부수적 효과도 낳는다.

이들 히든 챔피언은 크고 획기적인 혁신보다 조금씩 꾸준히 개선하는 일에 더 힘을 기울인다. 가령 쇼핑카트 시장의 선도업체 반즐은 '지속적인 혁신의 역사'라는 표현을 쓴다. 이 분야에서는 혁명적인 혁신이 지극히 예외적인 현상이기 때문이다. 고급 가전제품을 생산하는 밀레(Miele)의 슬로건은 '항상 더 낫게'(Immer besser)다. 이것은 전 세계 시장에 최고의 제품을 제공하려 하는 이 회사의 정책과 잘 어울린다. 끊임없이 작은 개선을 이루는 밀레의 제품은 사람들이 '완벽하다'고 말하는 상태에 한층 더 가까이 다가가고 있다.

혁신은 순수하게 돈의 문제라기보다 올바른 두뇌, 리더십 그리고 과정의 문제다. 세계 시장을 이끄는 히든 챔피언들은 매일 다음의 사실을 증명하고 있다.

돈보다 머리가 더 중요하다.

왜 유독 독일에
히든 챔피언이 많은가

히든 챔피언들의 전략과 성공을 이야기하다 보면 많은 질문을 받는데 그중 대표적인 것이 다음 두 가지다. 하나는 '왜 유독 독일에만 히든 챔피언이 많은가'이고, 다른 하나는 '어떻게 하면 우리도 히든 챔피언을 많이 보유할 수 있는가'이다.

이러한 질문이 많이 나오는 것은 지극히 당연한 일이다. 지금까지 알려진 전 세계의 2,734개 히든 챔피언 가운데 무려 1,307개(48퍼센트)가 독일에 있기 때문이다. 그뿐 아니라 인구 100만 명당 히든 챔피언의 수에서도 독일은 다른 나라를 압도한다. 이것은 독일 16, 미국 1.2, 일본 1.7, 중국 0.1 그리고 한국은 0.5다.

왜 이렇게 독일에만 히든 챔피언이 많은 걸까? 이것은 여러 가지 복합적인 원인이 한데 어우러져 빚어낸 결과다. 그 요인은 대체로 다음과 같다.

첫째, 역사적으로 독일은 프랑스, 영국, 일본 같은 선진국과 달리 매우 늦게 통일되었다.

비스마르크가 이끄는 프로이센이 독일을 통일한 것은 1871년 1월, 즉 19세기 말이다. 그때까지 독일은 수많은 작은 나라의 집합에 불과했다. 이런 상황에서 성장하고자 한 기업은 빨리 국제화하는 수밖에 없었다. 남부의 바이에른에 있는 회사가 북부의 베를린이나 함부르크에 있는 고객에게 자사 제품을 팔면 이 회사는 이미 국제사업을 하는 셈이다. 덕분에 현재의 독일 영토 안에서는 일찍부터 국제화에 대한 열린 문화가 구축되었다. 이 풍토가 히든 챔피언의 생성과 발전에 기여했음은 말할 것도 없다.

둘째, 독일의 여러 지역에는 오래전부터 축적해 온 전통적인 역량이 있고 그 역사가 오늘날까지 영향을 미치고 있다.

남서부의 흑림(black forest) 지역, 슈바르츠발트에서는 몇백 년 전부터 시계 공업이 발달했는데, 시계 제작에는 정밀기계공학이 필요하다. 오늘날 이 지역에는 역시 정밀기계공학을 필요로 하는 의료기술 전문회사가 400여 개나 몰려 있으며 이들 중 상당수가 히든 챔피언이다. 괴팅겐대학이 있는 북부의 괴팅겐에는 수십 개의 계측기 회사가 있다. 이는 오랫동안 수학 분야에서 세계를 이끌어 온 괴팅겐대학 수학과에 힘입은 바가 크다.

셋째, 치열한 경쟁을 벌여야 한다.

하버드 경영대학원 마이클 포터 교수의 핵심 주장 중 하나는 국내 경쟁이 치열할수록 해당 산업의 국제경쟁력이 올라갈 확률이 높다는 것이다. 독일은 많은 산업에서 국내 회사들끼리 치열한 경쟁을 벌이는 나라다. 그런 경쟁사들이 같은 지역에 집중된 경우도 많다. 일종의 산업 클러스터가 여러 지역에 형성되어 있는데 그 안에서 히든 챔피언을 비롯한 국내 회사들이 불꽃 튀는 경쟁을 벌이면서 상당수가 세계적인 경쟁력을 갖추게 되었다.

넷째, 분권적 구조라 산업 및 시설이 지역적으로 분산되어 있다.

한국을 비롯한 많은 나라의 정치, 경제, 행정, 문화는 한 도시 혹은 한 지역에 집중되어 있다. 우리나라는 서울이 거의 모든 분야의 중심지이며 일본은 도쿄, 영국은 런던, 프랑스는 파리에 나라의 핵심 인물과 시설이 몰려 있다. 반면 독일은 분권적 구조를 갖춘 매우 독특한 나라다. 즉, 나라의 주요 인물과 기업, 문화 시설이 전국에 골고루 분포되어 있다. 히든 챔피언도 독일 전역에 비교적 고루 퍼져 있다. 덕분에 독일은 지방에서도 인재를 채용해 오래 머물게 하기가 비교적 쉽고 구태여 큰 도시에 회사나 공장을 세울 필요가 없다. 지역적 분산은 독일의 큰 강점이자 히든 챔피언이 독일에 특히 많은 중요한 원인이다.

다섯째, 제조업 기반이 아주 탄탄하다.

2008년 금융위기가 터지기 전까지만 해도 많은 사람이 독일을 비판하거나 심지어 조롱했다. 독일이 지나치게 제조업에 집착하고 서둘러 서비스 경제로 변신하지 않는다는 얘기였다. 실제로 독일은 국내총생산에서 제조업이 차지하는 비중이 25퍼센트에 육박한다. 이는 미국, 영국, 프랑스의 약 두 배로 선진국 중에서 가장 높은 수치다.

하지만 금융위기 이후에는 분위기가 완전히 달라졌다. 오히려 미국, 영국, 프랑스가 제조업을 등한시하고 서비스업에 지나치게 기댄 것을 후회했다. 일본이 수출대국의 지위를 잃은 것은 기본적으로 제조업이 약해졌기 때문이다. 제조업 비중과 무역수지의 상관관계가 무려 0.79라는 연구 결과에서 알 수 있듯, 튼튼한 제조업 기반은 수출경쟁력의 중요한 원동력이다.

무엇보다 제조업은 국내에서 생산해 국내외에서 판매하므로 서비스업보다 더 많은 일자리를 창출한다. 독일의 히든 챔피언은 대부분 제조회사이며 이들은 영국과 프랑스의 중소기업보다 훨씬 더 활발히 투자하고 있다.

여섯째, 혁신 능력이 뛰어나다.

한 나라의 혁신 능력을 나타내는 지표에는 여러 가지가 있으며 특허출원 건수도 그중 하나다. 옆의 표는 지난 10년간 유럽 특허청에 등록한 유럽 주요 국가의 특허출원 건수를 나타낸 것이다.

지난 10년간 독일이 등록한 13만 건의 특허출원은 이 표에 있는 다른 나라의 특허출원 건수를 모두 합한 것보다 많다. 인구 4,700만 명인 스페인의 특허출원 건수는 독일의 2.8퍼센트에 불과하다. 독일의 1인당 특허출원 건수는 프랑스의 갑절 이상이고 이탈리아와 영국의 히든 챔피언을 이끄는 리더에게는 드러커가 말한 그대로 대담한 목표와 비전이 있다. 이들의 목표는 대체로 '성장'과 '시장지배력'이다. 칼 마이어(Karl Mayer)는 "우리는 세계 시장점유율이 70퍼센트 이하로 떨어지지 않도록 할 것."이라고 말한다. 헤메탈(Chemetall) 역시 "우리의 목표는 세계 특수 화학제품 시장에서 기술 및 마케팅을 선도하는 것."이라고 선언한다. 이 야심 찬 목표는 기업가가 열정적으로 움직이게 만드는 원동력이다.

두려움이 없다

히든 챔피언의 최고경영자들은 대체로 수준 높은 교육을 받지도 않았고 외국어 구사 능력도 약하지만 세계 시장을 정복했다. 그렇다고 그들이 한 방을 노리고 무모한 도박을 한 것은 아니다. 그들이 보통 사람과 다른 점은 걸림돌에 대한 두려움이 없다는 것이다. 두려움이 없으므로 위험과 맞서는 힘이 남보다 강하고 결과적으로 자신의 잠재력을 효과적으로 발휘한다.

활력과 끈기가 있다

히든 챔피언의 리더에게는 지치지 않는 에너지와 활력, 끈기가 있다. 이런 에너지는 도대체 어디서 나오는 것일까? 어쩌면 야심에 찬 목표와의 일체감이 그 원천일지도 모른다. 미국 출신의 한 경영자는 이렇게 말했다.

"분명한 목표와 위대한 목적만큼 한 개인 혹은 회사에 에너지를 주는 것은 없다."

히든 챔피언의 리더들은 내면에서 열정을 불사르는데 이는 퇴임할 나이가 될 때까지, 아니 그 넘어서까지 이어지기도 한다. 실제로 많은 경영자가 칠순이 넘어서도 열심히 일한다. 이처럼 높은 목표를 세우고 열정적으로 일하는 사람은 주변 사람들을 열광시킨다.

《고백록》(Confessions)으로 유명한 철학자 아우구스티누스(Augustinus, 354~430)는 이런 말을 했다.

> 자신의 내면에서 열정이 불타오르는 사람은 다른 사람들에게도 열정을 불러일으킨다.

결국 리더의 넘치는 활력과 끈기는 직원들의 동기를 유발하고 에너지를 분출시킨다.

다른 사람에게 영감을 준다

한 사람의 예술가는 혼자서도 세계적으로 유명해질 수 있다. 하지만 세계 시장을 주도하는 기업은 누구도 혼자 만들 수 없다. 경영자는 많은 사람의 지원을 받아야 한다. 넘치는 열정의 불꽃이 회사 안에서만 타오르는 것으로는 충분치 않다. 경영자는 다른 사람, 그것도 수많은 사람의 가슴속에서 열정의 불꽃이 피어오르게 해야 한다.

히든 챔피언 리더들의 결정적인 능력은 사람들이 자신의 사명에 열광하게 하고 최고의 성과를 내도록 이들을 움직이는 것이다. 이런 면에서 이들은 아주 탁월하고 또 커다란 성공을 거두고 있다. 이 능력은 풍채나 말솜씨 같은 외적인 것에서 나오지 않는다. 실제로 히든 챔피언의 최고경영자들은 대부분 커뮤니케이션 능력이 그리 뛰어나지 않다고 한다. 다만 이들은 회사와 자신을 구분하지 않고 목표 지향적이며 넘치는 활력과 에너지로 다른 사람들을 열광시켜 움직이게 할 뿐이다.

대한민국도 삼성그룹의 이병철 회장, 현대의 정주영 회장, 한진의 조중훈 회장, 교보생명의 신용호 회장 등 강한 도전정신으로 무장한 기업가들을 적지 않게 배출했다. 또한 우리의 몸속에는 1597년 9월 전라도 명량에서 13척의 배로 일본의 배 133척에 과감히 도전한 이순신 장군의 피가 흐르고 있다. 어디 그뿐인가? 우리는 몽고와 일본의 지배를 견뎌 낸 끈질긴 잡초다. 그러므로 우리는 우리의 자랑스러운 저력을 되새기고 히든 챔피언들의 도전정신을 본받으며 2016년의 새로운 목표를 향해 힘차게 나아가야 한다. 어차피 경영은 끝없는 긴 행군이다.

제2장

혁신이 아니면
모두 버려라

세 계 시 장 을 움 직 이 는 기 업 들 에 게 서 찾 은 경 영 의 원 칙 오늘날의 시장 지배 기업은 내일의 잠재적인 패자(敗者)다.

《혁신》(Innovation)의 저자, 리처드 포스터(Richard Foster)

국가	특허출원 건수	100만 명당 특허출원 건수
독일	130,032	1,570
프랑스	44,363	674
이탈리아	21,636	357
영국	20,893	337
스페인	3,649	79
포르투갈	249	23
그리스	244	23

출처: 독일경제연구소(Institut der deutschen Wirtschaft), IW의 2012년 1월 12일자 보고서)

네 배이며, 스페인과 포르투갈, 그리스를 합한 것의 열두 배를 넘는다. 이처럼 독일은 혁신 능력이 뛰어나며 이러한 국가적 분위기는 히든 챔피언의 성장과 발전에 크게 기여하고 있다. 실제로 독일에서 나오는 특허출원 중 상당수가 히든 챔피언의 작품이다.

일곱째, 훌륭한 직업훈련 시스템이 있다.

2010년 9월 OECD가 발간한 보고서에 따르면 독일은 직업훈련 시스템을 잘 갖춘 나라다. 정부가 직업학교를 운영하고 민간기업이 기술훈련을 맡고 있는 독일의 직업훈련 시스템은 이미 세계적으로 정평이 나 있다. 이것은 정부와 기업, 이론과 실무를 결합한 모델로 독일 기업들의 높은 생산성과 뛰어난 품질은 우수한 전문기술자를 대량 배출하는 직업훈련 시스템 덕분이다. 세계 어느 나라도 독일만큼 우수한 전문기술자를 많이 배출하지 못한다. 이제 전 세계에서 독일의 직업훈련 시스템을 배우고 싶어 하며 이것은 그 자체로 독일의 유망한 수출상품이 될 수 있다.

여덟째, 개당 노동원가(unit labor cost)의 경쟁력이 높다.

개당 노동원가는 생산성 변화와 임금 변화를 모두 감안한 수치다. 예를 들어 생산성이 5퍼센트, 임금이 4퍼센트 상승하면 단위당 노동원가는 1퍼센트 감소한다. 2000년부터 2012년까지 독일의 개당 노동원가는 10퍼센트 오른 데 반해 EU 전체는 24퍼센트, 프랑스는 무려 30퍼센트나 상승했다. 즉, 독일 경제는 품질뿐 아니라 원가 면에서도 경쟁력이 있는 것이다. 이는 한국의 현대자동차가 특히 주목해야 할 사실이다.

더구나 'Made in Germany'가 상징하는 원산지 효과(country of origin effect)도 있다. 독일제 상품은 품질이 좋기로 전 세계에 정평이 나 있는데 이러한 이미지는 히든 챔피언의 활동에 큰 도움을 준다.

아홉째, 독일 국민의 '정신적 국제화'가 있다.

독일인은 56퍼센트가 영어를 구사하고 세계에서 해외여행을 가장 많이 한다. 덕분에 독일에는 기꺼이 해외근무를 하는 직원들이 비교적 많다. 또한 독일 대학생의 6.2퍼센트가 해외에서 공부했고 독일의 대학에 다니는 학생의 11.4퍼센트가 외국인이다. 독일에서 공부한 외국 학생들은 히든 챔피언의 세계화 전략 실현에 크게 공헌할 수 있을 것이다.

독일에 히든 챔피언이 많은 것은 이처럼 역사적, 경제적, 문화적 요인이 복합적으로 작용한 결과다. 이러한 독일의 독특한 경제모델에 대해 국내외에서 찬사가 쏟아지고 있다. 한국은 중앙정부, 지방자치단체, 금융계, 산업계 할 것 없이 독일의 히든 챔피언에 지대한 관심을 보이고 있고, 중동에서는 독일을 세계 최강의 국민경제로 여긴다. 중소기업 또는 중산층을 의미하는 미텔슈탄트(Mitttelstand)라는 독일어 단어가 전 세계에서 쓰이는 이유가 여기에 있다. 2013년 1월 대만에서 열린 한 회의에서 대만의 대통령, 수상, 경제장관은 이 단어를 몇 차례나 언급했고, 자국어에 대한 자부심이 대단한 프랑스에서조차 미텔슈탄트를 제목에 포함한 신간 서적이 나오고 있다.

물론 수많은 히든 챔피언을 배출해 세계의 부러움을 사는 독일모델에도 문제가 없는 것은 아니다. 우선 여전히 노동 시장이 충분히 유연하지 않다. 대부분의 독일 근로자는 지나치게 보호받는 정규직이거나 거의 보호받지 못하는 임시직이다. 기업이 정규직 채용을 꺼리는 바람에 수많은 젊은이가 저임금 임시직을 전전하고 있다. 또한 독일도 저출산과 높은 기대수명으로 사회가 늙어가고 있다. 그럼에도 불구하고 독일은 사회가 필요로 하는 외국의 전문 인력과 투자자를 받아들이는 데 소극적이다. 그뿐 아니라 독일은 개혁이 동력을 잃고 있다. OECD에 따르면 독일은 2007년 이후 여타 선진국보다 구조 개혁 조치를 적게 취했다고 한다. 시절이 좋다 보니 개혁 정책이 굼뜬 것인지도 모른다. 많은 히든 챔피언의 출현을 가능하게 한 독일의 경제모델은 그것의 긍정적인 면과 부정적인 면이 모두 우리 경제에 크나큰 시사점을 주고 있다고 하지 않을 수 없다.

독일 군대의 전통에서 찾은
히든 챔피언의 비밀

우리에게《강대국의 흥망》(The Rise and Fall of the Great Powers)이라는 명저의 저자로 널리 알려진 미국의 역사학자 폴 케네디(Paul Kennedy)는 자신의 저서에서 이렇게 말했다.

(제2차 세계대전 당시 연합군의 압도적인 인적·물적 자원 앞에서) 독일군이 그토록 오랫동안 잘 싸운 것은 정말로 경이로운 일이다.

실제로 히틀러는 1941년 12월 11일 미국에 선전포고를 했는데 그로부터 무려 3년 6개월이나 버틴 끝에 1945년 5월에야 독일은 항복했다. 미국, 소련, 영국을 주축으로 한 연합군의 엄청난 인적·물적 우위에 맞서 독일군이 42개월이나 버틴 것이다.

독일군은 긴 전쟁 기간 내내 이길 때든 질 때든 한결같이 최강의 전투력을 발휘했고 이는 독일과 싸운 모든 나라가 인정하는 사실이다. 이것은 오늘날의 기업경영 혹은 조직 관리의 관점에서도 매우 놀라운 일이다. 이스라엘 헤브루대학의 마틴 반 크레펠트(Martin van Creveld)는 《전투력》(Fighting Power)에서 이 문제를 깊이 다룬 바 있다.

특히 그는 방대한 자료와 정교한 방법론을 바탕으로 1939년부터 1945년 동안의 독일군과 미군의 전투력을 비교, 분석하고 있다. 이를 통해 그는 제2차 세계대전 당시 독일군의 전투 효율은 미군보다 52퍼센트나 더 높았다고 결론짓고 있다.

현대 경영의 관점에서 흥미로운 점은 그가 제시하는 독일군의 막강한 전투력 비결이다. 그 중심에는 바로 임무 중심적 지휘 시스템(mission-oriented command system)인 독일군 특유의 통솔 시스템이 있다. 이는 지휘관이 부하들에게 임무만 하달하고 그 수행을 위한 자세한 지시는 하지 않는 것이다.

반면 미군의 지휘 시스템은 프로세스 중심적(process-oriented)이다. 즉, 지휘관이 수행해야 할 임무뿐 아니라 철저한 분석을 바탕으로 실행을 위한 상세한 지침까지 지시한다. 마치 맥도날드가 직원들의 손놀림 하나하나까지 세세하게 통제하듯 미군 지휘관들은 부하들의 행동 방식을 꼼꼼히 규제한다는 얘기다.

나는 이것이 테일러식(Taylorism) 과학적 관리기법이 미국에서 먼저 개발 및 보급된 사실과 관련이 있다고 생각한다. 《과학적 관리법》(The Principles of Scientific Management)을 쓴 프레드릭 테일러(Frederick Taylor)가 주창한 과학적 관리 방식이 지향하는 것은 한마디로 각 근로자를 그가 다루는 기계만큼 믿음직한 인간기계로 만드는 것이다.

몰트케와 클라우제비츠 같은 뛰어난 프로이센 전략가들이 개발한 것으로 알려진 독일 군대의 지휘 스타일은 오늘날 독일이 자랑하는 1,300여 개의 히든 챔피언에서 크게 빛을 발하고 있다. 헤르만 지몬은 세계를 매료시키는 독일 히든 챔피언의 여러 성공요인 중 하나만 꼽으라면 'CEO의 리더십'을 들겠다고 했다. 히든 챔피언의 최고경영자는 독일군 지휘관처럼 우선순위와 목표를 확실히 정한 뒤 실행을 위한 세부사항은 직원들에게 맡긴다. 실제로 일을 하는 사람은 부하 직원이므로 그들은 당연히 상관보다 어떻게 해야 하는가를 더 잘 안다.

이처럼 전쟁터나 경영 현장에서 개인의 솔선수범, 책임, 유연성 그리고 분권화된 의사결정을 중시하는 독일 특유의 리더십 스타일은 현대 경영에서 그 진가를 발휘하고 있다.

'혁신'을
통째로 사들이는 중국

2012년 1월 30일 중국의 후난성 창샤(長沙)에 본사를 둔 콘크리트 펌프 제조회사 사니(三一)는 오랫동안 세계 시장을 선도해 온 독일의 푸츠마이스터(Putzmeister)를 5억 2,500만 유로(약 6,800억 원)에 인수한다고 발표해 업계를 깜짝 놀라게 했다. 푸츠마이스터는 독일의 전형적인 히든 챔피언으로 금융위기를 맞아 2009년 매출액이 전년 대비 56퍼센트 가까이 떨어졌다. 같은 해 사니의 콘크리트 펌프 매출액은 54퍼센트 증가했고 그해부터 사니는 이 업계 세계 1위 회사가 되었다.

　사실 이 극적인 사례의 발단은 그보다 훨씬 이전에 시작되었다. 1990년대 후반 푸츠마이스터와 업계 2위인 독일의 슈빙(Schwing)은 중국 콘크리트 펌프 시장의 3분의 2를 차지하고 있었다. 당시 중국은 세계 최대의 콘크리트 시장이었다. 하지만 2004년 두 독일 회사의 중국 시장점유율은 5퍼센트 이하로 떨어져 있었다. 중국이 세계 콘크리트 시장의 무려 60퍼센트를 소비하는 최대 시장임에도 불구하고 그곳에서 시장 지위가 급속히 약화되었던 것이다. 가장 중요한 시장에서 밀리는 회사가 세계 시장을 계속 석권하는 것은 불가능에 가깝다. 이것은 매우 귀중한 교훈이다. 어느 회사든 세계에서 가장 비중이 큰 시장에서 1위 자리를 차지하지 못하면 언젠가 '세계 시장 선도기업'이라는 지위를 잃고 만다.

사니의 푸츠마이스터 인수는 중국의 레노보(Lenovo)가 IBM의 PC 사업을 인수한 것보다 훨씬 더 의미심장하고 상징적인 사건이다. PC사업은 IBM에게 더 이상 핵심 사업이 아니었다. 반면 푸츠마이스터는 콘크리트 펌프라는 한 제품에만 집중하는 전형적인 독일의 히든 챔피언으로 여전히 세계 최고의 기술을 갖추고 있었다. 최근 들어 중국의 일부 산업재 회사는 그동안의 저품질 이미지에서 벗어나 뛰어난 품질을 바탕으로 세계적인 회사로 거듭났다. 이런 힘을 바탕으로 중국은 이제 유럽의 초일류 회사, 그중에서도 독일의 회사들을 사들이고 있다. 이들이 노리는 목표는 기술 습득뿐 아니라 잘 알려진 브랜드 획득으로 기업가치를 높이는 데 있다.

중국 회사들의 인수·합병 전략은 2000년대 초에 시작되었다. 가령 2004년에는 기계 산업 분야의 쉬스(Schiess), 2005년에는 발드리히 코부르크(Waldrich Coburg)와 뒤르코프 아들러(Dürkopp Adler)를 인수했다. 2010년 중국의 질리(Geely)가 스웨덴의 볼보자동차를 인수한 것은 잘 알려진 이야기다. 2011년에도 중국은 메디온(Medion), KSM 카스팅스(Castings), 젤너(Sellner) 그리고 자르구미(Saargummi) 등 내로라하는 독일의 회사들을 사들였다. 또한 사니-푸츠마이스터의 합병 소식 직후인 2012년 3월, 중국의 링윈(Lingyun)이 150년 역사의 세계 최대 자동차 도어록 기업인 독일의 키케르트(Kiekert)를 인수한다고 발표했다. 이어 콘크리트 펌프 시장 2위 회사인 슈빙마저 2012년 4월 중국 회사로 넘어갔다.

중국 정부도 중국 회사들의 이러한 인수·합병 전략을 적극 돕고 있다. 2012년 4월 독일의 하노버 메세에 참석한 당시의 중국 총리 원자바오(溫家寶)는 다음과 같이 선언했다.

"우리는 우리의 기업들이 강한 브랜드와 유통망을 구축하려 하는 작업을 지원할 것입니다."

이러한 중국 기업 및 중국 정부의 행보와 관련해 또 하나의 상징적인 변화도 일어났다. 중국의 텔레커뮤니케이션 장비회사 화웨이(Hua-wei)가 2009년 이후 독일의 지멘스를 제치고 세계에서 특허를 가장 많이 출원하는 회사가 된 것이다. 또한 중국은 2012년 이후 세계에서 특허를 가장 많이 출원하는 나라다.

중국 회사들이 이렇게 선진국, 특히 독일의 일류회사를 인수하는 데 열심인 이유는 그들의 저임금·저가 전략이 한계에 다다랐기 때문이다. 오늘날 중국에서는 파업이 늘어나는 한편 임금이 급상승하고 있다. 반면 아시아 및 기타 다른 지역에는 중국인보다 훨씬 더 싼 임금을 받고도 일하겠다는 사람이 수십억이나 있다. 중국과 비교했을 때 인도의 1인당 국민소득은 3분의 2 정도 낮으며 방글라데시의 평균소득은 중국의 6분의 1에도 미치지 못한다.

여기에다 제품 원가가 지속적으로 오르면서 중국산 제품의 가격이 올라가고 있다. 고가 포지셔닝은 제품의 질이 뒷받침되어야 가능하다. 따라서 기술력과 상표 이미지를 높이는 데 도움을 주는 선진국의 일류회사를 인수하려는 중국 회사들의 움직임은 앞으로도 지속될 전망이다.

한국 회사는 이미 엄청난 소비 시장으로 떠오른 중국에서의 시장 기반을 강화하는 동시에 점차 '높은 가격-높은 품질' 전략으로 다가오는 중국의 막강한 경쟁사들과 맞설 창의적이면서 현실적인 대책을 서둘러 마련해야 한다.

장수기업의 비결은
큰 실수를 피하는 것

우리 귀에 익숙한 해태, 진로, 쌍용, 대우 브랜드의 공통점은 무엇일까? 이들은 모두 한때 번창했지만 지금은 해체되었거나 주인이 바뀌었다. 해태는 전자회사 인켈, 나우정밀 등을 무리하게 인수했다가 고배를 마셨다. 진로는 핵심 역량이 없는 유통, 건설업, 광고업 등에 진출했다가 무너졌고 쌍용도 경쟁우위가 전혀 없는 자동차 사업에 손을 대는 바람에 몰락했다. 대우는 지나친 사업 확장과 과도한 차입이 화근이 되어 사라졌다. 우리는 이런 사례를 국내외에서 수없이 접한다.

역사적으로 볼 때 기업의 수명은 대체로 짧다. 1897년 다우존스지수(Down Johns Index)를 최초로 구성한 12개 회사 가운데 현재 30개 회사로 이루어진 이 지수에 여전히 들어가 있는 회사는 단 하나, 제너럴 일렉트릭(GE)뿐이다. 《포천》(Fornture)이 선정한 1970년도 세계 100대 기업 가운데 2010년에도 그 대열에 낀 기업은 21개밖에 안 된다. 다른 한편으로 우리 주위에는 장수하는 기업도 적지 않다. 어떤 회사가 오랫동안 살아남을까? 또 어떤 회사가 몰락하거나 다른 회사에 합병될까? 그들의 운명을 가르는 결정적인 요인은 무엇일까?

100년 넘은 기계 제조업체 포이트(Voith)의 회장을 오래 역임한 독일의 헤르무트 코르만(Hermut Kormann) 교수는 이에 관해 재미있는 의견을 내놓았다.

기업이 성공하기 위해 똑똑할 필요는 없다. 단지 어리석지만 않으면 된다.

위에서 말한 한국 기업들의 사례와 뒤에서 논의할 해외 기업들의 사례를 보면 헤르무트 코르만의 말에 일리가 있는 듯 보인다. 또한 이들 기업의 사례는 '큰 실수'를 범하지 않는 것이 기업의 장기적인 생존에 얼마나 중요한지 일깨워 준다.

- 독일의 자동차회사 포르쉐(Porshce)의 1997회계연도 매출액은 25억 유로였는데 이것이 2007회계연도에는 89억 유로로 늘어났다. 같은 기간 동안 이 회사의 이익은 여덟 배 증가했고 이로써 포르쉐는 세계에서 가장 수익률이 높은 자동차회사가 되었다. 그런데 포르쉐는 자사보다 덩치가 훨씬 큰 폭스바겐을 인수하려다 오히려 폭스바겐에 인수되는 실수

를 하고 말았다.

- 2003년 독일의 히포조합은행(Hypovereinsbank)에서 분사한 모기지 은행 히포부동산(Hypo Real Estate)은 2년 후인 2005년 독일주가지수 (DAX)에 들어갈 정도로 승승장구했다. 2006년 이 은행의 주가는 57유 로였고(나중에 1유로로 떨어졌다) 자본수익률은 무려 11.4퍼센트였다. 그 러나 히포부동산은 50억 유로가 넘는 액수에 뎁파은행(Depfa)을 인수 한 뒤부터 추락하기 시작했다. 공공 부문에 금융서비스를 제공하는 뎁 파은행을 거액에 인수한 것은 히포부동산의 결정적인 실수였다.

- 1913년 설립된 미국의 아더앤더슨(Arthur Andersen)은 2001년 매출액 93억 달러와 직원 수 8만 5,000명을 자랑하는 세계 유수의 회계 법인이 었다. 그러나 2002년 엔론(Enron)의 회계감사를 맡은 이 회사의 직원들 이 회계감사 자료를 임의로 파기한 사실이 드러나면서 도덕성과 투명성 에 치명적 상처를 입었다. 비록 이것은 한 부서의 실수였고 극소수의 파 트너만 그것에 대해 책임이 있었지만, 한때 세계적인 명성을 날렸던 아 더앤더슨은 결국 종말을 맞이했다.

- 독일의 모범적인 비철금속 제련업체 메탈게젤샤프트(Metallgesellschaft) 는 원유 선물 투자 실패로 1993년 사라졌다. 당시 이 회사의 이사회 임 원 중 한 명은 쉼멜부시(Schimmelbusch)를 회장으로 임명한 것이 결정

적인 실수였다고 회고했다.

- 핵심 사업을 잘 운영하던 독일의 손해보험회사 게를링(Gerling)은 외형
  을 키우고 싶은 욕심에 미국의 재보험회사 컨스티튜션 리(Constitution
  Re)를 인수했다. 미국 회사를 인수하면서 게를링은 1998년 10월 27일
  이렇게 성명을 발표했다.
  "컨스티튜션 리를 인수함으로써 우리의 국제 부문은 크게 강화되었고
  이제 우리는 미국의 재보험 시장에서 크게 도약할 것입니다."
  이들은 크게 도약할 것이라는 말을 '양자 도약'(quantum jump)이라는
  용어로 표현했는데, 기업경영에서 양자 도약은 흔히 '큰 실수'와 같은 뜻
  인 경우가 많다.

이러한 국내외 사례들이 주는 교훈은 무엇인가?

첫째, 큰 실수야말로 기업의 생존을 위협하는 커다란 요인이다. 그러
므로 큰 실수는 모든 수단을 동원해 무조건 막아야 한다. 위에 등장한
회사들이 큰 실수를 저지르지 않았다면 그들은 지금도 존재하거나 인
수되지 않았을 것이다. 코르만 교수의 말이 맞다. 기업은 미련한 짓을
하지 않아야 생존한다.

둘째, 큰 실수의 원인 가운데 가장 눈에 띄는 것은 과대망상증이다.
따라서 경영자, 소유자, 이사회 모두 과대망상증을 특히 경계해야 한
다. 여기서 유념해야 할 것은 기업의 지속적이고 비범한 성공이야말로

과대망상증이 자라기 쉬운 가장 이상적인 토양이라는 사실이다.

셋째, 회사를 큰 실수의 위험으로부터 보호하려면 과도한 차입이나 무리한 재무 관리를 포기해야 한다.

넷째, 큰 실수는 흔히 겸양이나 도덕성과 거리가 먼 경영자들이 저지른다. 자질이 부족한 최고경영자를 선발하는 것 자체가 큰 실수인 경우가 적지 않다.

시장 방어의 요체는
혁신에 있다

시장을 방어하는 가장 좋은 방법은 시장을 지배하는 것이다. 어느 기업이 시장을 지배한다는 것은 가장 강한 경쟁사보다 현격히 강해 해당 시장을 선도한다는 뜻이다. 그러면 어떻게 해야 시장 선도기업이 될 수 있을까?

첫째, 가장 좋은 방법으로 애플이 스마트폰 시장을, 소니가 워크맨을, 브리타(Brita)가 정수기 시장을 처음 만들어 낸 것처럼 시장을 새로 창출하는 것이 있다.

둘째, 시장 창출보다 더 어려운 방법으로 기존 시장을 정복하는 것이 있다. 이 방법이 더 어려운 까닭은 혁신을 통해 이미 자리를 잡은 경쟁사를 몰아내야 하기 때문이다. 1990년대에 휴대용 계산기를 개발한 텍사스 인스트루먼츠(Texas Instruments)는 시장에서 계산자를 사라지게 했고, 이케아(Ikea)도 혁신적인 유통 전략으로 가구 시장의 선도기업이 되었다. 혁신은 더 나은 성능, 더 낮은 원가 혹은 더 나은 성능을 더 낮은 원가에 제공하는 형태일 수 있다.

시장 선도기업이 되는 방법 속에는 '기업은 어떻게 시장을 방어해야 하는가?'라는 질문에 대한 답이 들어 있다. 즉, 기업은 시장을 정복할 때와 똑같은 방법으로 시장을 지켜야 하며 그 방법이란 끊임없는 혁신을 말한다. 이 점에서 귀감이 되는 회사들이 독일의 초일류 중소기업, 즉 히든 챔피언이다. 이들은 평균적으로 따져 무려 21년간 시장 선도기업의 위치를 차지해 왔다. 이들이 이처럼 오랫동안 시장을 지배한 이유는 끊임없이 시장에 혁신적인 방안을 내놓기 때문이다. 또한 이들은 대체로 획기적인 혁신보다 조금씩 꾸준히 개선하는 일에 더 힘을 기울인다.

여기서 말하는 혁신은 넓은 의미의 혁신을 가리킨다. 다시 말해 혁신은 기술에만 국한되지 않으며 유통, 프로세스, 원가, 가격 등 모든 영역에서 이루어질 수 있다. 이와 관련해 꼭 언급하고 싶은 것은 기업이 원가우위를 점하지 않는 한 가격 인하로는 시장을 성공적으로 지킬 수 없다는 사실이다. 기업은 지속적으로 더 낮은 원가를 유지할 수 있을 때만 경쟁사를 시장에서 몰아내거나 그들의 시장 지위를 약화시킬 수 있다. 이러한 전제조건을 충족시키지 못하는 상태에서 기업이 공격적인 가격 전략으로 시장을 방어하려 하면 그 결과는 파멸뿐이다.

시장 방어 역사가 보여 수는 또 하나의 중요한 교훈은 시장을 싱공적으로 지키는 회사는 경쟁사의 공격이 성공할 때까지 기다리지 않고 심상치 않은 공격 기미가 있을 때마다 재빨리 대처한다는 사실이다. 방어 회사의 관점에서 이상적인 것은 경쟁사가 시장에 들어오기 전에 혹은 공격을 개시하기 전에 먼저 움직이는 것이다. '선제공격'(preemptive strike)이라 불리는 이 적극적인 대처 방안은 전략적으로 가장 효과적인 시장 방어 방법이다.

만약 당신의 회사가 현재 시장에서 선두를 달리고 있다면 다음의 말을 꼭 기억해야 한다.

시장 선도기업이 부딪히는 가장 큰 위험은 대개 경쟁사가 아니라 자사를 물들이고 있을지도 모르는 교만과 경직성이다.

또 시티그룹의 전 회장 월터 리스톤(Walter Wriston)은 이렇게 말했다.

신이 왕권을 주었다는 왕권신수설은 이미 몇백 년 전에 사라졌지만 시장을 물려받는다는 생각은 아직도 살아 있는 듯하다. 이것은 아주 천천히 없어지는 오래된 꿈이다. 그러나 기업의 역사는 세계와 함께 변하지 않은 탓에 묘지의 비석으로만 남아 있는 수많은 기업으로 가득 차 있다.

한국을 히든 챔피언의 나라로
만들기 위해

오늘날 경영학 문헌에서 다루거나 명문 경영대학원에서 가르치는 기업경영은 대부분 대기업 혹은 초대형 기업에 초점이 맞춰져 있다. 언론에서 자주 보도하는 내용도 예외가 아니다. 그런 이유로 삼성, LG, 현대, SK, 포스코 같은 한국의 대기업은 국내뿐 아니라 전 세계에 알려져 있다. 또 세상에 알려진 성공 사례 및 뛰어난 경영 사례는 대부분 대기업에 관한 것이다. 이런 것은 사례 연구의 소재가 되거나 경영 분야에서 일종의 신화로 부상한다.

그러나 현실 경제 세계는 사정이 다르다. 현실 경제는 큰 부분이 대기업이 아니라 중소기업으로 이루어져 있다. 그리고 많은 중소기업이 대기업이 무색할 정도로 뛰어난 경영 성과를 올리고 있다.

반면에 과거에 우리를 매료시킨 대기업들의 현재 위상은 어떠할까?

1950년대에는 GM, 1970년대에는 IBM이 스타 기업이었고, 두 회사는 모두 탁월한 경영의 본보기였다. 핀란드의 노키아는 휴대전화 시장에서 1998년부터 2011년까지 무려 13년간 세계 시장 점유율 1위를 차지했다. 하지만 GM과 IBM은 이미 빛이 바랬고 노키아는 마이크로소프트에 매각되었다. 최근까지 초우량기업의 상징이던 GE, 폭스바겐, 마이크로소프트도 고전을 면치 못하고 있다. 구글, 애플, 페이스북 같은 스타 기업에 똑같은 일이 벌어지지 않는다고 누가 장담할 수 있겠는가?

이제 눈을 한국으로 돌려 보자.

과연 앞으로 10년 내에 우리 경제를 주도해 온 삼성이나 현대 같은 재벌이 또 나올 수 있을까? 그 확률은 그리 높지 않다. 반면 세계 시장을 주름잡는 독일의 히든 챔피언 같은 기업은 얼마든지 더 나올 수 있고 또 나와야 한다.

애플, 구글 같은 세기의 스타에게서 보통 사람은 구체적으로 과연 무엇을 배울 수 있을까? 그들은 알베르트 아인슈타인이나 타이거 우즈처럼 그 분야에서 유일무이한 존재라 보통 사람은 결코 따라갈 수 없다. 반면 히든 챔피언은 스타가 아닌 보통 사람이 배울 만한 좋은 본보기이자 따라 할 수 있는 적절한 모델이다. 지극히 평범한 그 회사들은 목표에 맞는 적절한 전략을 개발함으로써 시장에서 선두를 차지했기 때문이다. 이들의 전략에는 소규모 회사든 대기업이든 상관없이 본받을 만한 지침이 담겨 있다.

최근 한국 사회는 경제를 이끌어 온 대기업의 공로를 인정하는 한편 세계적인 수준의 히든 챔피언을 현재보다 훨씬 더 많이 보유해야 한다는 사회적 합의에 도달한 듯하다. 나는 이것이 한국 경제가 나아가야 할 매우 바람직하고 현실적인 방향이라고 생각한다.

그러면 한국 사회가 더 많은 히든 챔피언을 배출하는 데 도움이 될 만한 몇 가지 방안을 생각해 보자.

첫째, 잠재적 히든 챔피언의 혁신 능력을 높인다. 확실한 전문성 없이는 세계 최고가 될 수 없고 전문성은 쉴 새 없는 혁신을 전제로 한다. 그런데 우리의 많은 중소기업이 자체 역량만으로는 원하는 만큼 연구개발을 진행하기가 어려운 처지에 있다. 그런 의미에서 독일의 프라운호퍼(Fraunhofer)협회처럼 산업체가 주문하는 연구 프로젝트를 해주거나 같이하는 기관을 고려해 보는 것이 바람직하다.

프라운호퍼협회에서는 약 2만 명의 연구원이 응용과학 프로젝트를 진행하며 독일의 대기업 및 중소기업은 이 협회와 긴밀히 협조한다. 덕분에 이들의 활동은 독일의 혁신성 향상에 크게 기여하고 있다. 예를 들어 전문가용 필름 카메라 분야의 선도기업 ARRI는 아날로그에서 디지털로 전환해야 하는 큰 과제를 안고 있었다. 이 회사는 MP3 시스템을 개발한 프라운호퍼의 도움으로 이 과제를 성공적으로 해결했다.

궁극적으로 정부 정책의 주안점은 우리의 히든 챔피언들이 세계무대에서 지속적으로 성장할 수 있도록 그들의 연구개발 능력을 키워 주는 데 두어야 한다.

둘째, 훌륭한 중소기업에서 경력을 키우거나 창업하는 것이 인생의 좋은 선택이 될 수 있다는 생각이 사회 전반에 정착되도록 좋은 중소기업 사례, 성공한 청년실업가 사례 등을 지속적으로 발굴해 널리 알려야 한다. 히든 챔피언은 '기업가정신'이라는 토양에서만 자랄 수 있기 때문이다. 한국인의 평균 IQ는 105이고 독일인의 평균 IQ는 99다. 그러니 한국에 뛰어난 잠재적 기업인이 당연히 많지 않겠는가.

독일의 세계적인 소프트웨어 회사 SAP는 IBM의 독일 자회사에서 일하던 네 명의 젊은이가 과감히 IBM을 그만두고 1972년에 설립한 회사다. 설립자 중 한 명인 하소 플라트너(Hasso Plattner)는 취업을 위해 거대한 전자회사 지멘스에서 인터뷰했던 경험을 들려주었다.

"나는 인터뷰를 하면서 지멘스에서는 도저히 일할 수 없음을 직감했다. 그 회사는 마치 우체국 같았다."

스크린골프 시장의 1위 기업인 골프존의 설립자 김영찬 회장과 세계적인 건설 관리(CM)회사 한미글로벌의 김종훈 회장은 모두 삼성 출신 기업인이다. 이들이 IBM이나 삼성에 계속 있었으면 어떻게 됐을까? 나는 성장하는 회사에 합류한 젊은이가 대기업에 입사한 또래보다 더 성장할 확률이 높다고 본다.

셋째, 한국의 대기업은 국내에 우수한 히든 챔피언이 많아야 그들에게도 유리하다는 사실을 알아야 한다.

독일의 보쉬(Bosch)는 세계 최고의 자동차 부품 회사다. 그러나 그 회사의 국제경쟁력은 수많은 히든 챔피언의 도움 덕분에 가능한 것이다. 우수한 협력회사들이 존재하는 것은 궁극적으로 재벌에게 유리하다. 삼성전자에 납품하는 회사는 애플이나 화웨이 혹은 샤오미에도 납품할 수 있어야 한다. 현대자동차의 협력회사는 도요타나 폭스바겐과도 거래할 수 있어야 한다.

또한 우수한 인재가 몰려 있는 대기업에는 잠재적 히든 챔피언이 아주 많다. 그런 사업부들을 과감하게 분사하면 그들이 더 크게 성장할 가능성이 높다.

독일의 제약회사 바이엘(Bayer)에는 한때 치과용품을 생산하는 부서가 있었는데 연매출이 약 1억 5,000만 유로(약 2,000억 원)였다. 그 정도 매출로는 회사 내에서 주목을 받기가 힘든 상황이었다. 바이엘은 이 부서를 분사해 '헤라우스'라는 회사를 만들었고 이후 헤라우스는 눈부시게 발전했다. 치과 의료장비 시스템 회사 지로나(Sirona)도 지멘스의 작은 치과 사업 부서였다. 몇 년 전에 독립한 지로나는 곧바로 기업가정신을 유감없이 발휘해 이 분야에서 세계적인 회사로 거듭났다.

한국의 대기업에서는 잘 훈련받은 많은 잠재적 기업가들이 자신의 역량을 발휘할 수 없는 일을 하면서 좌절하거나 관료화하고 있다. 이들의 기업가정신과 대기업의 자본력, 경영 노하우를 결합한 사업모델은 한국 경제의 또 다른 성장 엔진이 될 수 있다.

넷째, 히든 챔피언이 나오도록 여러 개의 산업 클러스터가 있어야 한다. 산업 클러스터 안에서 벌어지는 치열한 국내 경쟁은 기업을 강하게 만드는 담금질이다. 실제로 독일에서는 산업 클러스터가 많은, 히든 챔피언의 산실이다. 한국에서는 대덕단지가 좋은 본보기가 되고 있다. 특히 이곳에서는 KAIST 졸업생들이 큰 역할을 하는 전문화된 기업이 속속 생기고 있으며 이들 중 상당수가 세계적인 회사로 성장할 전망이다. 이곳의 기업인들은 서로 협조하는 동시에 경쟁한다.

박근혜 정부가 전국 열여덟 곳에 설립한 창조경제혁신센터는 궁극적으로 산업 클러스터의 역할을 하는 것이 바람직하다. 사실 우리가 더 많은 히든 챔피언을 육성해야 하는 이유 중 하나가 한국 경제에서 재벌이 차지하는 비중을 줄이는 것인데, 아직까지는 각 재벌이 창조경제혁신센터를 하나씩 맡고 있는 구조다. 즉, 재벌 의존도를 줄이기 위한 프로젝트를 재벌에 맡긴 형국이다. 각 창조경제혁신센터는 이러한 모순을 해결하는 한편 기업가정신으로 무장한 경영자가 모여 서로 치열하게 경쟁하면서 정보와 아이디어, 자극을 주고받는 공간으로 발전해야 한다. 산업 클러스터는 히든 챔피언을 배양하는 최상의 공동체이기 때문이다.

다음 그림에서 보다시피 독일은 인재와 히든 챔피언이 전국에 고루 퍼져 있다. 반면 한국은 인재와 자본이 지나치게 수도권에 집중되어 있다. 나라의 먼 장래를 생각할 때 이는 반드시 시정해야 하며 그런 의미에서 대덕단지 모델은 매우 바람직하다.

지금 한국 사회를 휩쓰는 화두는 '취업난', '실업률'이지만 아이러니하게도 한국의 중소기업들은 인재난을 겪고 있다. 고학력자들은 쏟아

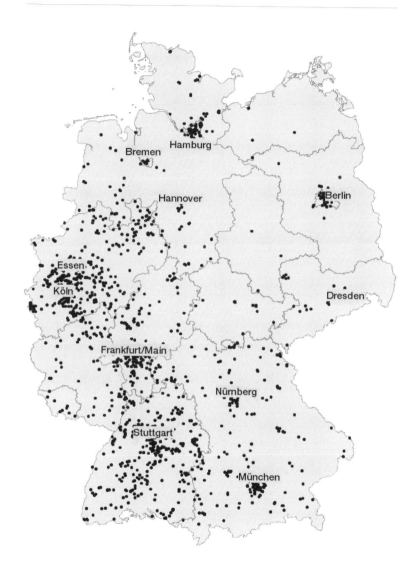

져 나오는데 정작 기업에서는 인재가 없다고 아우성이다. 이러한 인재 수급 불균형을 해결하려면 어떻게 해야 할까? 내가 생각하는 모범적인 사례는 독일의 직업훈련 시스템이다. 독일은 기술 인력 배출을 위해 정부가 직업학교를 운영하는데 그 훈련을 민간기업이 맡고 있다. 우리도 기업이 적극 협조하면 마이스터고등학교 제도를 이런 방향으로 육성할 수 있을 것이다. 우수한 대졸 사원을 확보하기 위한 방안에도 몇 가지 아이디어가 있다.

무엇보다 대학생 인턴 제도를 적극 도입해 시행해야 한다. 많은 대학생이 중소기업에 대해 잘 알지 못해 작은 회사에 들어가는 것을 막연히 두려워한다. 방학 때 그들에게 직접 경험할 기회를 주면 중소기업에 대한 편견이나 그릇된 인식, 오해 등을 많이 해소할 수 있을 것이다.

회사가 위치한 지역의 대학이나 전문대학 재학생을 목표로 삼아 공을 들이는 것도 좋다. 전국을 염두에 둘 것이 아니라 자사가 있는 지역의 졸업생을 우선시하라는 얘기다. 지방의 우수한 인재들이 전망이 밝은 잠재적 히든 챔피언에서 일하는 것은 매우 바람직한 일이다. 중소기업이 좀 더 과감하게 해외의 우수한 기술자나 연구원을 받아들여 활용하는 것도 하나의 아이디어다.

그뿐 아니라 더 많은 중소기업이 해외에 판매 및 서비스 자회사를 설립해 운영해야 한다. 그러면 전 세계에 퍼져 있는 고객에게 더 가까이 다가갈 수 있다. 독일의 히든 챔피언 경영자 중 약 90퍼센트가 자사의 가장 큰 자산으로 고객과의 밀접한 관계를 꼽는다. 실제로 이들은 평균 서른 개의 해외 자회사를 거느리고 있는데, 이 자회사들은 예외 없이 본사가 100퍼센트 지분을 갖고 있다. 세계화에 관한 한 한국의 중소기업은 한층 더 분발해야 한다.

제3장

이익을 내지 못하면 모두 버려라

경영 현장에서 찾은 경쟁전략의 원칙

이익은 기업이 생존하기 위한 비용이다.

피터 드러커(Peter Drucker)

경험이라는 이름의
함정

우리는 우리가 생각하는 것보다 훨씬 더 많이 과거의 경험에 사로잡혀 있다. 그리고 나이가 들수록 과거의 경험에 의존하는 정도가 더욱 커지는 경향이 있다. 이러한 현상은 개인뿐 아니라 기업에도 나타난다. 그런 까닭에 오래된 회사일수록, 즉 경험이 풍부한 회사일수록 '완전히 새로운 방식으로 무언가를 해보려는 노력'은 위기상황이 아닌 한 대체로 실패로 끝난다.

세계 기업사에서 그 대표적인 사례로는 1980년대 전반기에 제너럴 모터스(GM)가 야심만만하게 추진한 새턴(Saturn) 프로젝트가 있다. GM은 새 방식으로 완전히 새로운 자동차 모델을 개발한다는 목표를 세우고 50억 달러라는, 당시로서는 엄청난 예산을 투입하기로 했다. 여기에다 새 모델을 개발하는 새턴 팀은 거의 완벽한 자유를 누렸다. 그런데 1984년 디트로이트를 떠나 테네시로 이사 갈 때, 이 개발팀은 책상은 두고 갔지만 과거의 경험은 가지고 갔다. 이런 탓에 GM은 경영위기에 봉착한 2009~2010년 이 프로젝트를 포기하고 말았다. 경험이라는 이름의 덫에 걸린 새턴의 공장과 자동차 모델은 결코 혁신적이지 않았던 것이다.

경험이 풍부한 경영자는 대체로 회사의 상황을 더 정확히, 더 빨리, 더 전체적으로 진단한다. 또한 문제의 본질을 파악하기 때문에 해결책으로 제시된 여러 대안을 제대로 평가한다. 대부분의 경우 경영자의 경험은 그가 좋은 결정을 내리는 데 도움을 준다. 특히 앞으로의 상황이 그가 과거에 경험을 쌓을 때의 상황과 크게 다르지 않으면 경영자의 폭넓은 경험은 더욱더 기업의 중요한 자산이 된다. 반면 환경이 급속히 크게 달라지면 과거의 경험에 의존하는 것은 위험할 수 있다. 이 사실을 프랑스의 철학자 앙리 베르그송(Henri Bergson)은 다음과 같이 적절하게 표현했다.

경험을 통해 터득한 법칙은 그것이 성립되었을 때의 조건이 더 이상 존재하지 않으면 (오히려) 짐이 된다.

이러한 위험은 변화가 크고 빠르고 갑작스러울수록 한층 더 크다. 현재 많은 시장에서 이런 일이 벌어지고 있다. 엄청난 속도로 진행되는 세계화, 예기치 못한 경쟁사의 출현, 인터넷의 환상적인 가능성, 금융 위기 이후 변해 가는 소비자 행동 등에 기업이 과거에 성공했던 방식 으로 대처하는 것은 매우 위험한 일이다. 비아그라로 큰 수익을 올린 한국화이자는 한미약품 등이 내놓은 유사제품 때문에 크게 고전하고 있다. 세계의 많은 항공회사가 라이언 에어(Ryanair) 같은 저가항공사 들과 힘겨운 싸움을 벌이고 있다. 전통적인 대중매체는 구글의 도전 을 맞아 어찌할 줄을 모른다. 예스24 같은 인터넷 서점의 출현은 국내 도서 시장의 판도를 크게 바꿔 놓았다.

많은 회사의 경영자가 경쟁 방식이 완전히 달라졌다는 것을 깨닫지 못하고 과거의 방식으로 대처하려 한다. 그들은 '자기 경험의 포로'다. 경영자가 과거의 전략과 대응 방식에 집착하는 경향은 성공 경험이 많 을수록 더 강하다. 이제까지의 성공이 그들의 눈을 멀게 하고 변화를 가로막는 것이다. 그래서 성공은 변화의 가장 큰 적(敵)이고 기업 세계 에서는 성공이 '실패의 어머니'가 될 수 있다. 리처드 포스터(Richard Foster)는 그의 저서 《혁신》(Innovation)에서 이렇게 말했다.

오늘날의 시장 지배 기업은 내일의 잠재적인 패자(敗者)다.

노키아, 모토로라, 마이크로소프트가 그 전형적인 사례다. 어떻게 하면 기업이 '경험의 덫'을 피하고 경험과 혁신성이 적절히 어우러진 문화를 만들 수 있을까?

무엇보다 회사의 문화를 '열린' 문화로 만드는 것이 중요하다. 지금까지의 전략이나 경영 방식에 대한 건설적인 비판을 허용하는 분위기, 새로운 아이디어, 발상, 혁신적인 전략 및 경영 방식을 논의하고 경우에 따라서는 받아들이는 분위기 조성이 이러한 문화를 구축하는 데 효과적이다.

이것은 조직 구성원의 경험이 다양하고 폭넓을 때 잘 이뤄진다. 특히 전문가는 경험의 포로가 될 위험성이 크므로 회사나 업계 바깥에 있는 사람들과 가끔 만나는 것이 좋다. 체계적인 직무 순환(job rotation), 해외 근무, 부서 간의 잦은 접촉 등도 도움을 준다. 임원진의 나이를 다양하게 구성하는 것도 좋다. 임원들의 나이가 비슷하거나 모두 나이가 많은 편이면 회사가 과거 경험의 틀에서 벗어나기 어렵다. 임원회의가 원로회의로 전락하면 곤란하다. 외부에서 인재를 영입하는 것도 경험의 덫을 피해 가는 중요한 수단이다.

경영자가 쌓아 온 경험은 기업의 소중한 자산이다. 그러나 그것이 지배적인 판단의 잣대가 되어서는 안 된다. 특히 지금처럼 한 치 앞도 보이지 않는 시대에는 치열한 경쟁 속에서 이기는 아이디어를 살펴보기 전에 경영자 자신을 반드시 점검해야 한다. 경영자는 언제나 자신의 경험을 새로운 아이디어를 보듯 비판적으로 겸허하게 돌아보아야 한다. 오늘날처럼 급변하는 시대에는 경영자의 그러한 아량과 안목이 그 어느 때보다 중요하다.

시장점유율의 신화는
잊어라

기업은 대개 여러 개의 목표를 동시에 추구하는데 때로 그 목표들 사이에 갈등이 생긴다. 우리는 흔히 이익 목표와 매출액, 판매량, 시장점유율 목표가 충돌하는 경우를 목격한다.

목표 충돌은 기업이 현실적으로 부딪히는 문제 중 하나다. 사실 이익을 가장 중요한 목표로 내세우는 경영자는 매우 드물다. 나는 기업들을 분석하면서 마진, 수익률, 이익의 절대액수보다 시장점유율이나 판매량을 더 중요시한다는 인상을 받았다. 심지어 어느 유명 자동차 회사의 고위 경영자는 이렇게 말했다.

"우리 회사에서는 시장점유율이 0.1퍼센트만 떨어져도 간부들이 줄줄이 옷을 벗습니다. 그러나 이익은 20퍼센트가 줄어도 아무 일도 일어나지 않습니다.”

이 말은 조금 과장되긴 했지만 매출과 시장점유율 목표 위주의 사고방식이 업계에 널리 퍼져 있다는 사실을 잘 보여 준다. 실제로 일본의 어느 유수한 전자회사에서는 이런 일이 있었다. 수익률이 2퍼센트에 불과하자 그 회사의 경영진과 컨설턴트가 열띤 토론 끝에 가격인상이 불가피하다는 결론을 내렸다. 그때 이 상황을 지켜보던 CEO가 강하게 제동을 걸었다.

“그러면 우리 회사의 시장점유율이 떨어집니다. 가격 인상은 있을 수 없습니다.”

2012년 세계적인 TV 제조회사들은 많은 혁신을 했음에도 불구하고 전 세계에서 무려 120억 달러 이상의 적자를 냈다. 업계 전문가는 그 원인을 다음과 같이 분석했다.

“너무 많은 회사가 수익보다 시장점유율에 더 신경 쓰고 있습니다.”

그러면 왜 이렇게 매출 목표와 시장점유율 목표가 이익 증대보다 현실에서 더 지배적일까? 여러 가지 이유가 있지만 가장 중요한 것은 그유명한 PIMS(Profit Impact of Marketing Strategy) 프로젝트의 연구 결과인 듯하다. 다음의 그림은 그 내용을 핵심적으로 보여 준다. 보다시피 시장점유율과 투자수익률 사이에는 상관관계가 아주 높다. 가령 시장점유율이 가장 높은 회사의 투자수익률은 5위 회사의 수익률보다 약 세 배 높다. 이 결과의 전략적 시사점은 간단하다. ‘시장점유율을 최고로 높여라!’

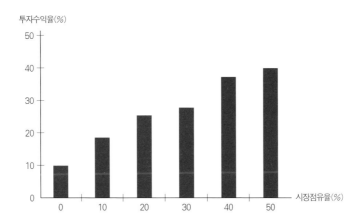

경험곡선효과(기업의 경험이 늘어나면 단위원가가 하락하는 효과) 개념도 시장점유율을 중시하는 분위기에 크게 일조했다. 이 개념에 따르면 기업의 원가경쟁력은 그것의 상대적 시장점유율(relative market share)에 달려 있다. 상대적 시장점유율이란 자사 점유율을 가장 강한 경쟁사의 점유율로 나눈 수치를 말한다. 상대적 시장점유율이 높을수록 경험곡선효과에 따라 해당 기업의 단위원가가 낮아진다. 이에 따라 시장 선도기업은 원가가 가장 낮고 같은 값이면 수익률이 제일 높다. 여기서도 전략의 기본 방향은 명확하다. '기업은 시장점유율을 최대한 높이기 위해 노력해야 한다.'

경험곡선효과와 PIMS 연구는 모든 시장점유율 위주 철학의 원조다. GE의 회장을 역임한 잭 웰치(Jack Welch)는 그러한 철학의 대표적인 옹호자였다. 그는 1980년대 초 다음과 같이 선언했다.

"GE는 시장에서 1위 혹은 2위 자리를 차지할 수 없는 모든 사업 분야에서 철수할 것입니다."

하지만 최근 연구 결과에 따르면 '시장점유율이 수익성에 미치는 영향은 매우 적다'는 것이 정설이다. 다음의 인용구는 이 문제에 관한 현 마케팅학계의 생각을 잘 보여 준다.

> 높은 시장점유율 자체는 수익률 상승으로 이어지지 않는다. 그러나 시장 점유율이 높은 회사는 시장점유율이 낮은 회사가 할 수 없는 이익 상승 조치를 취할 수 있다.

그 밖에 많은 관련 연구가 '기업이 매출, 시장점유율 목표를 추구하는 것은 큰 문제'라고 주장한다. 나도 이 말에 동의한다. 그 이유는 높은 시장점유율은 대개 낮은 가격, 즉 마진을 희생함으로써 얻어지기 때문이다. 결과적으로 기업이 올리는 이익은 더 적다.

다행히 최근에는 많은 경영자가 이익 증대와 매출 증대를 모두 고려할 필요성을 인정하고 있다. '이익을 내는 성장'(profitable growth)이라는 말이 자주 들려오는 이유가 여기에 있다. 이제 기업들은 성장을 위해 어떠한 대가라도 치르겠다는 자세를 보이지 않는다.

이것은 기업들이 앞으로 더욱 철저히 추구해야 할 목표다. 이익은 기업이 '내면 좋은 것'이 아니라 살아남기 위해 '반드시 내야 하는 것'이다. 기업이 생존하기 위해서는 이익이 꼭 필요하다.

가격 결정만 잘해도
이익이 2배 늘어난다

가격의 역사는 인류의 역사만큼이나 길다. 가격은 화폐가 나오기 전부터 존재했지만 그때는 가격을 화폐단위가 아닌 상품 간의 교환비율로 표현했다. 이 시스템은 물물교환 형태로 그 명맥을 이어오고 있다. 기업경영에서 가격의 중요성은 아무리 강조해도 지나치지 않다. 가장 큰 이유는 기업의 이익을 결정하는 세 이익 동인(profit driver) 가운데 가격이 이익에 가장 많은 영향을 미치기 때문이다.

간단한 예를 통해 그 내용을 구체적으로 살펴보자.

기업의 이익은 '가격×매출량 − 원가'이므로 기업경영에서 이익 동인은 가격, 매출, 원가뿐이다. 여기서 원가는 고정비와 변동비로 나뉜다. 이 셋은 모두 중요한데 현실적으로 경영자들은 대개 원가에 가장 관심이 많고 그다음이 판매, 마지막이 가격이다. 사실 중요도로 말하자면 이 순서는 정반대로 가야 한다.

가령 어느 산업재 회사가 10만 원짜리 제품을 100만 개 팔았는데 개당 변동비는 6만 원, 고정비는 300억 원이라고 해보자. 이것은 산업재를 생산·판매하는 업계에서 흔히 볼 수 있는 수익 구조이자 원가 구조다. 만약 이익 동인이 각각 5퍼센트씩 향상되면 이익이 아래 그림과 같이 달라진다.

이처럼 가격이 가장 효과적인 이익 동인이고 그 이후의 중요도는 변동비, 판매량, 고정비 순이다. 가격이 5퍼센트 오르면 이익은 무려 50퍼센트나 증가하지만 판매량이 5퍼센트 증가해도 이익은 20퍼센트만 늘어난다. 그러므로 경영자는 지금보다 훨씬 더 가격 관리에 신경 써야 한다.

가격에는 다른 마케팅 도구에 없는 다음과 같은 특성이 있다.

▼ 4가지 이익동인

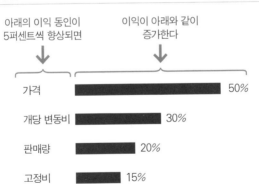

첫째, 가격탄력성, 즉 가격이 판매에 영향을 미치는 정도는 광고 등 다른 마케팅 도구의 탄력성보다 훨씬 더 크다. 소비재의 경우 가격탄력성은 광고 탄력성의 10~20배다. 특히 산업재에서는 그 차이가 더 크다. 최근의 연구 결과에 따르면 가격탄력성은 영업에서의 외근 탄력성보다 여덟 배나 크다.

둘째, 가격 결정은 즉각 실행에 옮길 수 있다. 반면 제품, 광고, 유통 전략 등을 바꾸는 데는 시간이 많이 걸린다.

셋째, 광고 등 다른 마케팅 도구를 바꿀 때보다 가격을 바꿀 때 판매 효과가 더 빨리 나타난다.

넷째, 경쟁사도 우리 회사가 광고 예산을 변경할 때보다 가격을 바꿀 때 훨씬 더 강한 반응을 보인다.

다섯째, 가격은 광고, 영업, 연구개발과 달리 먼저 큰 자금을 지출하지 않고도 활용할 수 있는 유일한 마케팅 도구다. 기업은 자금이 부족할 때도 최적가격을 정해 시행할 수 있다.

가격의 긴 역사와 엄청난 중요성을 생각하면 사람들은 이제 이 분야에서 웬만한 혁신은 다 나왔을 거라고 추측할지도 모른다. 실제로는 지난 30년간 그 정반대 현상이 나타나고 있다. 다시 말해 가격 책정에 관한 새로운 아이디어, 시스템, 방법론이 쏟아져 나오고 있다. 이 중에는 어떤 제품이나 서비스의 속성별 중요도나 고객이 부여하는 가치를 추정해 고객이 어떤 제품을 선택할지 예측하는, 컨조인트 분석(conjoint analysis) 같은 새로운 측정 방법도 있고, 행태적 가격 책정

(behavioral pricing)이라는 혁명적인 접근 방식도 있다.

그러면 이미 좋은 성과를 올렸거나 올리고 있는 가격 혁신 사례를 살펴보자.

2012년 여름 영국 런던에서 열린 제30회 런던올림픽은 역대 올림픽에 비해 대단한 성공을 거뒀다. 여기에 결정적으로 기여한 것은 바로 주최 측의 뛰어난 가격 정책이었다. 즉 런던올림픽 조직위원회는 의도적으로 가격을 커뮤니케이션 수단으로 활용한다는 방침을 세운 다음, 여러 가지 새로운 가격 아이디어를 고안해 실행에 옮겼다.

우선 가격을 나타내는 숫자 자체가 구구절절 설명하지 않아도 강한 인상을 주게 했다. 가장 싼 입장권은 20.12파운드였고 제일 비싼 것은 2,012파운드였다. 2012라는 숫자가 늘 표시가격에 나타나게 한 것이다. 덕분에 굳이 설명하지 않아도 그것이 2012 런던올림픽을 뜻한다는 것을 누구나 알아차렸다. 어린이와 젊은이에게는 '당신의 나이만큼 내세요'(Pay Your Age)라는 슬로건으로 다가갔다. 가령 일곱 살짜리 아이는 7파운드를 내고 열일곱 살 청소년은 17파운드를 냈다. 이 가격체계는 엄청나게 좋은 반향을 불러일으켰다. 각 언론사는 앞다투어 이이야기를 수없이 다뤘고 심지어 영국 여왕과 수상도 'Pay Your Age' 가격을 칭찬했다. 이 가격체계는 대중에게 매우 효과적으로 전달되는 것은 물론 공평하다는 평판도 들었다. 또한 노인들은 비교적 저렴하게 입장권을 살 수 있도록 배려했다.

런던올림픽에서는 가격 할인이 전혀 없었다. 어떤 경기에서는 표가 매진되지 않았음에도 불구하고 조직위원회는 이 방침을 철저히 고수했다. 이로써 주최 측은 입장권과 각 경기는 입장료만큼의 값어치가 있다는 신호(signal)를 명확히 보냈다. 스포츠 세계에서는 인기 있는 경기 입장권과 인기 없는 경기 입장권을 묶어서 하나의 패키지로 파는 일도 흔한데, 런던올림픽 조직위원회는 그러한 결합가격도 포기했다. 물론 근거리 교통과 입장권을 결합한 상품은 판매했다.

또한 주최 측은 커뮤니케이션 및 판매를 위해 인터넷을 적극 활용했다. 그 결과 모든 입장권의 99퍼센트가 온라인에서 팔려 나갔다. 올림픽 경기 시작 전 조직위원회의 입장료 수입 목표는 3억 7,600만 파운드(약 6,520억 원)였지만 창의적인 가격 및 커뮤니케이션 전략 덕분에 실제 수입은 6억 6,000만 파운드(약 1조 1,440억 원)에 달했다. 이는 목표를 무려 75퍼센트나 초과 달성한 액수일 뿐 아니라 그 이전에 열린 베이징, 아테네, 시드니 올림픽에서 올린 수입을 모두 합한 것보다 높은 수치다. 런던올림픽은 혁신적인 가격 전략이 얼마나 큰 성과를 올릴 수 있는가를 보여 준 좋은 사례다.

세계 제일의 저가항공사 라이언 에어는 2006년 세계 최초로 승객이 부치는 짐에 요금을 부과하기 시작했다. 처음에는 승객이 짐 하나에 3.5유로를 냈지만 지금은 20킬로그램까지 비수기에는 25유로, 성수기에는 30유로를 지불해야 한다. 고객이 일 년에 수백만 개의 짐을 부치므로 이 정책으로 라이언 에어는 수천만 유로의 추가매출을 올리는 셈이다. 라이언 에어는 이 가격 정책을 다음과 같은 놀라운 메시지로 전달했다.

"이제부터 짐을 부치지 않는 승객은 항공료를 약 9퍼센트 절약할 수 있습니다."

이런 말을 들으면 누구도 짐을 부치는 비용에 대해 반대하기가 어렵다. 나아가 라이언 에어는 승객들이 덜 주목해서 가격탄력성이 낮은 각종 부문에 추가요금을 부과하고 있다. 예를 들어 운동기구나 악기를 부치면 50유로, 좌석을 예약하면 10유로만큼 비용이 올라가고 신용카드로 결제하면 2퍼센트를 추가 부담해야 하며 행정 서비스료도 6유로로 책정하고 있다. 고객이 온라인으로 예약하지 않으면 추가요금은 더 올라간다.

라이언 에어의 마이클 올리어리(Michael O'Leary) 회장은 이따금 화장실 이용료 같은 새로운 추가요금을 도입할 것처럼 얘기하고는 시행하지 않는다. 그러면 상당수의 고객이 그가 그렇게 하지 않은 것에 대해 고마워한다.

여전히 혁신 가능성이 크고 기업경영에 커다란 영향을 미치는 가격을 관리하려 할 때 가장 중요한 측면은 무엇일까? 그것은 바로 가치와 소비자 효용이다. 소비자가 지불할 용의가 있는 가격은 언제나 그가 해당 제품에서 느끼는 가치 또는 효용을 반영하기 때문이다. 따라서 기업이 부과할 수 있는 가격을 알아내려 할 때 가장 핵심적인 정보는 '소비자가 주관적으로 느끼는 가치'다.

고대 로마인은 이미 이 관계를 이해했던 모양이다. 이를 보여 주듯

라틴어에서 가격은 'Pretium'인데 가치에 해당하는 말도 'Pretium'이다. 즉, 로마인은 가치와 가격을 동일시한 것이다. 이러한 사고방식은 가격 문제에 접근할 때의 기본 원칙으로 썩 괜찮다. 무엇보다 이 원칙은 경영자가 먼저 고객의 관점에서 가치에 주목하도록 한다.

재미있는 것은 우리말에도 이와 비슷한 현상이 있다는 사실이다. 가격의 순우리말은 '값'이고 가치는 '값어치'다. 즉, 우리말에서도 가격과 가치는 그 어원이 같다. 한마디로 기업은 소비자가 느끼는 가치를 명확히 알아야 가격을 제대로 정할 수 있다. 결국 컨조인트 분석 같은 현대적인 방법으로 주관적 가치를 계량화하는 것이 가격 관리의 가장 핵심적인 과제다.

불황을 이기는
마케팅 전략

2007년 여름 미국의 이른바 서브프라임 거품이 꺼지면서 서서히 시작된 세계 금융위기는 2008년 9월 15일 리먼브라더스가 파산하면서 무서운 속도로 세계 경제를 강타했다. 당시 한국은 그 위기에서 비교적 빨리 벗어난 나라로 평가받았다.

그러나 그리스의 국가 부도위기로 시작된 유럽의 재정위기가 유럽 시장의 침체로 이어지고, 중국과 브라질 같은 신흥국가의 성장 속도가 눈에 띄게 떨어지면서 세계 경제는 또다시 저성장 시대로 진입하고 있다. 대외경제 의존도가 유난히 높은 한국은 그 영향으로 2015년에는 3사분기의 1.3퍼센트 성장을 제외하면 나머지 분기는 모두 0퍼센트대 성장에 그칠 정도로 경제가 활기를 잃고 있다. 그뿐 아니라 저성장 시대가 얼마나 지속될지, 고성장 시대가 과연 다시 도래할지 등에 대해 누구 하나 속 시원한 대답을 내놓지 못하고 있다. 몇 년 사이에 경제위기를 두 차례나 겪고 미래 전망도 불투명하다 보니 소비자의 행동도 달라지고 있다.

- 미래에 대한 불안: 청년들은 사회 진출, 중년 세대는 실직 가능성, 장년 층은 노후 생활에 대해 깊은 불안감이 있다.
- 가격탄력성 변화: 소비자는 값이 오를 때는 민감하게 반응하지만 내릴 때는 민감하게 반응하지 않는다.
- 편익과 원가 면에서의 뚜렷한 이점의 중요성: 불황이 오면 원가나 편익 면에서 확실한 이점을 제공하는 제품 및 서비스가 각광을 받는다.
- 단기효과의 중시: 불황이 오면 소비자는 특히 금융상품의 경우 더 가까운 미래에 혜택을 주는 상품을 선호한다.
- 더 중요해진 자금 융통: 고객의 재무 사정이 악화되면서 자금을 융통해 주고 지불 조건을 완화해 주는 회사가 영업 면에서 유리해진다.
- 안전 중시: 금융위기를 겪으면서 고객은 수익성이 낮더라도 안전한 금융상품을 선호한다. 또한 소비자는 곧 망할 듯한 회사의 제품을 사지 않으며, 불황으로 사회가 불안해지면 안전을 확보하기 위한 제품 및 서비스 수요가 늘어난다.

불황을 맞아 이렇게 변하고 있는 고객을 대상으로 기업이 쓸 수 있는 구체적인 대응책은 무엇일까?

과감한 보장을 통해 고객이 느끼는 위험을 제거해 준다

위기가 오면 고객은 불안, 공포, 불확실성에 시달리고 위험을 회피하고자 한다. 따라서 기업은 그들이 느끼는 위험과 불안감을 이해하고 그에 걸맞은 해결책을 제시해야 한다. 과감한 보장은 그 전형적인 방법 중 하나다.

현대자동차는 2009년 초 미국에서 '불확실할 때의 확실성'(Certainty in Uncertain Time)이라는 광고캠페인을 벌여 큰 성공을 거두었다. 이것은 새 고객이 빚을 갚는 동안 실직하면 그가 직장을 찾는 기간에 현대자동차가 3개월까지 돈을 대신 내주는 구조였다. 3개월이 지나도 새 직장을 구하지 못하면 고객은 자동차를 돌려주기만 하면 그만이었다.

시험적인 사용 기간을 제공한다

기계류 같은 내구재의 경우 시험적인 사용 기간을 제공하는 것도 고객이 느끼는 위험을 줄여 주는 하나의 방법이다. 그 기간 동안 고객은 임대료만 내며 언제든 그것을 돌려줄 수 있다. 이 경우 판매회사의 부담이 커지지만 여기에는 두 가지 이점도 있다. 하나는 고객이 기계를 쓰는 시험적인 사용 기간 동안 추가수입이 발생한다는 점이다. 다른 하나는 고객이 기계를 쓰는 기간에 비례해 재고가 줄어든다는 사실이다.

해약 또는 반품 조항을 넣는다

해약 또는 반품 조항을 넣는 것도 미래에 대한 불안 때문에 구매를 망설이는 고객의 의구심을 줄여 준다. 예를 들어 지원병을 모집하는 데 어려움을 겪고 있는 미국 육군은 얼마 전부터 지원병에게 입대한 뒤 6개월 후에 지원을 취소할 수 있는 선택권을 주고 있다. 이 정책은 이미 상당한 효과를 내고 있다.

대금지불을 고객이 거두는 성공과 연동시킨다

대금지불을 고객이 누리는 성공과 연동시키면 고객이 아닌 공급자가 위험을 부담한다. 독일의 대표적인 히든 챔피언인 풍력발전 설비회사 에네르콘은 서비스 가격을 제품의 수익성에 연동시키면서 고객이 대폭 늘어났다.

회사의 재력을 영업에 활용한다

신용위기로 인해 많은 고객이 돈 쓰는 것을 꺼릴 때, 고객에게 신용판매를 할 수 있는 회사는 커다란 경쟁력을 갖출 수 있다. 물론 회사는 리스크를 신중히 검토해야 한다. 에네르콘은 12년의 서비스 계약 기간 중 첫 6년 동안은 서비스 가격의 절반을 직접 부담한다.

물물교환을 수용한다

고객이 재무적인 사정으로 현금을 지불할 수 없을 때는 값어치 있는 물품으로 대신 받는 것도 하나의 대안이다. 실제로 스위스의 농약품 종묘 회사 진겐타(Syngenta)는 자금 융통이 어려운 농민에게 먼저 그들이 원하는 물품을 공급한다. 그런 다음 농민이 미래에 수확할 물량의 일부를 인수해 그것을 선물 시장에서 매각한다.

약해진 경쟁사들의 고객을 끌어온다

위기의 영향을 받는 정도는 회사마다 크게 다르다. 이때 약해진 경쟁사들의 고객을 끌어오는 것은 그리 어렵지 않다. 유럽의 어느 은행은 어려움을 겪는 경쟁사들의 고객에게 집중적으로 전화를 건 결과, 예금이 24퍼센트나 늘어났다.

혁신적인 서비스를 제공한다

'서비스 혁신' 하면 흔히 거창하게 생각하지만 지금까지 개별적으로 판매하던 서비스를 하나로 묶어 고정가격에 파는 것처럼 단순한 일도 많다. 가령 한 공급업체에서 포괄적인 해법을 내놓으면 고객이 누리는 안정성과 효율성은 그만큼 높아진다.

상업용 폭약 시장의 선두업체인 호주의 오리카(Orica)는 채석장 운영업체에 포괄적인 서비스 상품을 제공한다. 예를 들면 오리카는 폭약 판매뿐 아니라 암석 분석, 굴착 작업, 발파까지 모두 해준다. 이것은 맞춤형 서비스라 가격의 투명성은 떨어지는 대신 고객당 매출, 효율성, 안정성은 올라간다. 고객은 발파 과정을 걱정할 필요가 없으므로 그만큼 거래를 끊기가 어렵다. 다시 말해 공급업체를 바꾸기가 힘들다.

중고 시장, 수리 및 수선 시장, AS 시장 같은 애프터 시장(After market)에 눈을 돌린다

불황기에는 새로운 고객 혹은 OEM 시장은 확보하기 어려운 반면 수리, 수선, 교체, 수리용 부품, AS 등의 애프터 시장은 오히려 활기를 띤다. 자동차 타이어는 신차뿐 아니라 오래 써서 닳은 타이어를 교체할 때도 필요하다. 실제로 타이어 애프터 시장의 크기는 신차 타이어 시장의 약 세 배다.

지금까지 가격에 포함되어 있던 서비스를 분리해 값을 부과한다

경우에 따라 기업은 지금까지 여러 요소를 포함하고 있던 최종가격에서 몇몇 개별요소를 분리한 뒤, 각각의 요소에 따로 값을 매길 수 있다. 이는 사실상 가격 인상으로 결국 기업의 이윤은 상승한다. 저가항공사 라이언 에어는 2006년 고객의 짐에 4.5달러씩 부과하기 시작했는데, 이를 통해 그다음 분기의 이익이 30퍼센트나 올라갔다.

풍성한 서비스를 제공해 가치사슬을 심화한다

풍력발전 설비회사 에네르콘은 거래가 이뤄지면 무려 12년 동안 풍력발전소와 관련된 모든 서비스를 제공한다. EPK라는 이름의 이 서비스 프로그램은 고객에게 열렬한 환영을 받고 있으며, 에네르콘의 고객 가운데 85퍼센트가 이 계약을 맺는다.

고객을 위한 교육도 가치사슬을 늘리는 데 도움을 준다. 앞으로는 교육 서비스의 중요성이 더욱 커질 것이다. 그 까닭은 우선 제품이 점점 더 복잡해지고 있고 또한 직원들의 교육 수준이 높지 않은 나라에 복잡한 제품을 수출하는 사례가 늘고 있기 때문이다. 경우에 따라서는 교육을 전담하는 독립법인을 설립할 수도 있다. 이 경우 관련 서비스에 별도로 요금을 부과하는 것이 한층 쉬워지고 현재 모기업의 고객이 아닌 고객에게도 교육 서비스를 판매할 수 있다.

한국 기업들이 소비자와 경쟁사의 변화된 행동을 감안해 적극적이고 세련되게 마케팅 조치를 취한다면 지금과 같은 불황을 누구보다 빨리 이겨 낼 수 있을 것이다.

영업실적을
따지지 마라

요즘처럼 경기가 좋지 않을 때는 영업사원의 역할이 더욱 중요해진다. 전반적으로 불황이 닥쳐도 회사의 영업사원들이 계속 뛰어난 성과를 올리면 회사는 불경기의 어려움을 이겨 낼 수 있기 때문이다. 그런데 영업사원들의 성과에 결정적으로 영향을 미치는 대표적인 변수는 그들에 대한 보상 정책과 그들이 고객과 함께 보내는 시간이다.

최근 나는 보상 정책과 관련해 어느 B2B 회사의 각 영업사원의 영업실적, 즉 매출액과 공헌마진을 비교한 자료를 본 적이 있다. 가장 눈에 띈 것은 영업실적이 좋을수록 공헌마진, 즉 회사 수익에 대한 공헌도가 떨어진다는 점이었다. 이는 잘 파는 영업사원일수록 '가격을 무기로' 영업을 한다는 의미다. 조사 결과를 본 이 회사는 다음과 같은 조치를 취했다.

- 영업사원의 가격 책정 권한을 대폭 삭감했다.
- 인센티브 제도를 바꿨다.
- 값을 무기로 영업을 하는 몇몇 사원을 가치 지향 영업사원으로 교체했다.

문제는 이것이 이 회사에만 나타나는 현상이 아니라는 데 있다. 회사가 영업실적에 비례해 영업 인센티브를 주는 한 영업사원은 할인을 해서라도 거래를 성사시키려 하는 경향이 있기 때문이다.

회사가 궁극적인 수익을 생각한다면 영업사원이 받는 영업 수수료를 마진에 비례해 제공하는 것이 좋다. 그런데 이러한 인센티브 제도를 도입하려 할 때 회사는 현실적으로 크게 두 가지 문제에 부딪힌다. 첫째, 회사 제품의 이익 또는 마진에 관한 정보가 고객에게 흘러들어 갈 염려가 있다. 이것은 결코 바람직하지 않은 일이다.

둘째, 고객별로 공헌마진을 파악하려면 고도로 발달한 정보시스템이 있어야 하는데 많은 회사가 이런 것을 갖추고 있지 않다.

이에 따라 현실에서는 여러 기업이 매출액에 비례하는 판매 수수료 시스템의 폐해를 줄이고 마진 지향 시스템에 근접하고자 여러 가지 인센티브 제도를 시행하고 있다. 그중 효과적인 방안을 두 가지 소개한다.

가격 준수 프리미엄

영업사원은 기본적으로 매출액에 비례해 보상을 받는다. 특히 그들이 시장에서 실제로 받은 가격이 회사가 설정한 목표가격보다 높을수록 그들은 추가로 더 많은 가격 준수 프리미엄을 받는다. 이 가격 준수 프리미엄은 실제 판매가격과 목표가격의 차이에 비례한다. 즉, 값을 깎아 매출을 많이 올리는 영업사원보다 회사의 가격 지침을 준수하면서 판매를 성사시키는 영업사원이 훨씬 더 좋은 대우를 받는 것이다.

역할인 인센티브(anti-discount incentive)

다음 쪽 그림에 있는 방안도 마진을 드러내지 않는 인센티브 제도다. 이 경우 영업사원이 받는 인센티브는 그가 할인해 주는 액수에 반비례한다. 즉, 할인율이 높을수록 매출액 대비 수수료 비율이 떨어진다. 이 제도를 도입한 어느 회사에서 이것은 커다란 힘을 발휘했다. 도입한 지 두 달 만에 평균 할인률이 16퍼센트에서 14퍼센트로 떨어졌고 고객 이탈도, 매출 감소도 일어나지 않았다.

비금전적 인센티브를 도입해 가격을 관철하는 것도 바람직하다. 예를 들면 최고가격이나 최저할인 또는 최고마진을 달성한 영업사원에게 주는 특별포상이 있다. 가장 창의적인 가격 해법 및 전술을 고안해 낸 영업사원에게 그에 걸맞은 포상을 하는 것도 좋다. 실제로 비금전적 인센티브는 기업의 가격목표 달성에 도움을 준다.

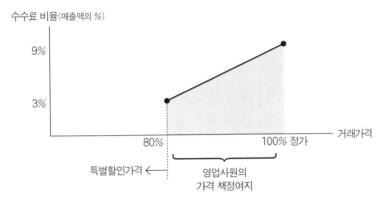

회사가 어떤 영업 인센티브 방안을 채택하든 그것은 다음의 세 가지 요건을 충족시켜야 한다.

- 단순
- 공평
- 평등

인센티브가 '단순'하면 관리비용이 적게 들고 영업사원들이 제도의 취지와 효과도 잘 이해한다. '공평'하다는 것은 영업사원이 회사가 원하는 대로 행동하면 정말로 금전적 보상을 받는 것을 의미한다. '평등'은 비슷한 업적에 대해 금전적으로 똑같이 보상해 주는 것을 뜻한다.

스톡옵션을
중단하라

1990년대에 가장 극적인 글로벌 M&A는 1998년 11월 독일의 다임러-벤츠(Daimler-Benz)가 미국 크라이슬러(Chrysler)를 인수한 일이었다. 당시 다임러와 크라이슬러가 합쳤을 때 두 회사의 시가총액은 664억 7,000만 유로였다. 그런데 그로부터 6년 8개월이 지난 2005년 7월, 이 프로젝트를 추진한 다임러-크라이슬러의 위르겐 쉬렘프(Jürgen Schrempp) 회장이 물러난다고 발표했을 때, 다임러-크라이슬러의 시가총액은 45퍼센트가 줄어든 367억 9,000만 유로였다. 주주가치가 엄청나게 떨어진 것이다. 사실 이 회사의 고위 경영진에게는 각종 주식매수청구권, 즉 스톡옵션이 있었다. 그렇다면 스톡옵션이 주주가치 하락 방지에 별다른 도움이 되지 않은 게 확실하다.

나는 먼저 2008년 금융위기 이후 많은 비판을 받은 '주주가치'의 뜻을 명확히 하고 그것의 중요성을 강조하고 싶다. 주주가치란 무엇인가? 그것은 간단히 말해 '장기적인 이익 극대화를 통한 기업가치의 제고'를 의미한다. 경영학 분야에서 이것이 기업경영의 유일하면서도 의미 있는 목적함수임을 의심하는 사람은 거의 없다. 피터 드러커는 이것을 다른 말로 적절히 표현했다.

이익은 기업이 생존하기 위한 비용이다.

따라서 경영진의 과제는 매출액과 총원가의 차이를 최대한 벌리는 데 있다. 동시에 그들은 다음의 사실을 분명히 기억해야 한다.

"주주가치란 이익 혹은 주가를 단기적으로 끌어올리기 위해 장기적으로 기업에 해를 끼치는 조치를 취하는 것이 아니다."

사실 많은 경영자가 '주주가치'를 높인다는 이유로 이런 행동을 해 왔다. 그들은 가령 연구개발 예산 삭감, 정리해고, 생산시설 폐쇄(합리화가 아닌) 등을 행했는데, 결국에는 이것이 오히려 주주가치를 떨어뜨린 사례가 허다하다. 주주가치 극대화라는 목표를 달성하려면 모든 기업이 '장기적인 이익 극대화를 통한 기업가치 제고'에 충실해야 한다.

많은 경우 스톡옵션은 주주가치와 양립하지 않는다. 스톡옵션은 그것을 행사할 수 있는 사람들에게 주가 상승에 따른 혜택의 가능성은 주는 반면 주가 하락의 위험은 부담하게 하지 않는 독특한 게임이다.

그래서 스톡옵션을 부여받은 경영자는 지극히 위험한 결정을 내리고 싶은 유혹에 빠지기 십상이다.

하지만 주가 하락의 위험을 고스란히 떠안는 존재는 투자자, 즉 주주다. 주주가치를 지키거나 올리는 데 스톡옵션보다 더 효과적이고 단순한 방책은 CEO를 비롯한 고위 경영진이 자기 돈으로 상당량의 자사주를 사게 해 그것을 긴 기간 보유하게 하는 것이다.

이러한 주식매수와 스톡옵션에는 근본적인 차이가 있다. 주식매수는 경영자를 회사의 공동소유자로 만들지만 스톡옵션은 복권과 비슷하다.

주주는 경영자가 회사의 소유자로서 자신과 같은 목표를 추구하길 바란다. 주주들이 바라는 것은 주가상승과 함께 주가가 떨어져 손해를 보는 일이 발생하지 않는 것이다. 때론 손실을 방지하는 것이 이들의 주된 목표이기도 하다.

그러나 스톡옵션은 대부분 주가를 올리는 일에만 초점이 맞춰져 있다. 가령 몇 년 전 세계적인 소프트웨어회사 SAP의 경영진에게 부여된 스톡옵션은 시가총액이 갑절이 되고 어떤 비교지표를 넘으면 그들이 최고 3억 유로까지 갖도록 했다.

거꾸로 주가가 떨어지면 어떻게 될까? 경영자는 전혀 영향을 받지 않는다. 그들이 부담하는 위험은 기껏해야 주식매수청구권을 행사하지 못할 가능성뿐이다. 즉, 그들에게는 위쪽 기회(upside chance)만 있고 아래쪽 위험(downside risk)은 없다. 반면 주주에게는 위쪽 기회와 아래쪽 위험이 모두 있다.

간단한 예를 통해 이러한 이해관계의 상충을 살펴보자.

어느 회사의 스톡옵션 프로그램이 상승한 가치의 10퍼센트를 경영 진에게 준다고 해보자. 가치가 떨어지면 경영진은 당연히 스톡옵션을 행사하지 않는다. 경영진은 '가'와 '나'의 행동 가운데 하나를 고를 수 있다. '가'를 선택하면 가치가 50억쯤 올라갈 확률이 50퍼센트고, 100 억이 떨어질 확률도 50퍼센트다. '나'를 고르면 가치가 15억쯤 올라갈 확률이 50퍼센트고, 5억이 떨어질 확률 역시 50퍼센트다.

경영자가 '가' 또는 '나'를 선택했을 때 얻을 수 있는 경영자의 기대 소득과 주주가치의 기댓값은 다음과 같다.

'가'를 선택했을 때,

- 경영자의 기대소득: 10퍼센트×0.5×50억= 2억 5,000만 원

- 주주가치의 기댓값: 0.5×50억-0.5×100억-0.5×2억 5,000만(경영자에 게 지불하는 돈)= -26억 2,500만 원

'나'를 선택 했을 때,

- 경영자의 기대소득: 10퍼센트×0.5×15억= 7,500만 원

- 주주가치의 기댓값: 0.5×15억-0.5×5억-0.5×7,500만(경영자에게 지불하 는 돈)= 4억 6,250만 원

이와 같은 상황일 때 경영진이 어느 안을 선택할 것인가는 불을 보듯 빤한 일이다. 그는 말할 것도 없이 '가'를 선택할 것이다. 주주가 경영진에게 이런 구조의 장려책을 제공했다면 그들은 그 결과에 대해 놀랄 필요가 없다. 경영진은 경제적 이익이라는 관점에서 합리적으로 일관성 있게 행동한 것이니 말이다. 잘못은 다름 아닌 그 스톡옵션 모델에 있다.

　기업이 스톡옵션이 아닌 주식매수 모델을 도입하면 성공은 경영진의 주식투자 규모에 달려 있다. 이때 경영자가 투자하는 금액은 그에게 고통을 줄 정도여야 한다. 상당히 부담을 느낄 정도의 액수를 투자한 경영자는 회사의 공동소유자로서 위험을 분담하므로 주주들과 같은 배를 탄 셈이다. 이것이 핵심이다.

　독일의 지멘스는 몇 년 전부터 임원들을 대상으로 주식매수 프로그램을 실시하고 있다. 주가가 떨어지면 임원들은 주식을 더 사서 차이를 메워야 하므로 그들이 실제로 부담하는 금액은 줄지 않는다. 지멘스의 경우 보유 기간은 3년이다. 나는 이 의무 보유 기간이 좀 더 길어야 한다고 생각한다. 가장 이상적인 것은 임원들이 현직을 떠난 후에도 일정 기간 보유하는 것이다. 그러면 그들이 더욱 장기적으로 생각하고 행동할 가능성이 한층 더 크다.

모방하기 힘든 서비스로 경쟁우위를 점하라

2008년 9월 세계 금융위기가 발생한 이후 비교적 빨리 어려움을 극복한 기업들의 상당수는 차별화된 대개 뛰어난 서비스 전략을 무기로 불황에서 벗어났다. 그러면 차별화된 서비스가 특히 불황기에 큰 힘을 발휘하는 까닭은 무엇인가? 그것은 높은 수준의 차별화된 서비스는 기업의 믿음직스러운 전략적 경쟁우위이기 때문이다.

어느 기업이든 치열한 경쟁에서 살아남고 지속적으로 성장하려면 반드시 다음의 세 요건을 갖춘 전략적 경쟁우위가 있어야 한다.

- 고객이 중요하다고 생각하는 부문에서 강해야 한다.
- 기업이 갖추고 있는 우위를 고객이 실제로 인지해야 한다.

- 경쟁사가 쉽게 따라잡을 수 없는 부문에서 강해야 한다.

높은 수준의 차별화된 서비스는 적어도 다른 회사가 짧은 시간 내에 흉내 내기 힘들기 때문에 기업의 전략적 경쟁우위가 된다. 그런데 지금은 국내외를 막론하고 고객의 서비스 기대 수준이 무척 높다. 이런 상황에서 기업은 어떻게 서비스를 전략적 무기로 만들 수 있을까?

무엇보다 '역량, 외관, 친절, 신속'이라는 서비스의 기본에 더욱 충실하고 비상사태에 대처하는 능력을 길러야 한다.

역량

한국 기업들이 수출하는 제품이 복잡하고 정교해질수록 서비스 담당 직원의 역할이 더 중요해진다. 많은 나라에서 실력 있는 서비스 직원은 여전히 부족하다. 그러므로 우리가 수출하는 제품을 능수능란하게 다루도록 직원들을 지속적으로 철저히 교육해야 한다. 특히 개발도상국과 신규시장의 경우 제품의 품질보다 서비스가 좋지 않다는 불평이 더 많이 들려온다는 사실을 알아야 한다.

외관

점점 더 많은 회사가 통일성 및 일관성 있는 기업 이미지를 전하기 위해 직원에게 제복을 입게 한다. 특히 고객의 관점에서 서비스 담당 직원의 외관은 기업의 정체성(corporate identity)을 반영하며, 이는 고객의 충성도에 적지 않은 영향을 미친다. 최근 해외의 어느 통신판매회사는 배달원의 복장이 일정하지도, 단정하지도 않다는 이유로 거래하는 택배회사를 바꿨다. 이로 인해 배달비용이 더 들었지만 이 회사는 그것을 기꺼이 감수했다.

친절

우리가 대규모 놀이공원이나 대형 항공회사의 비행기 안에서 직접 경험하는 직원들의 친절은 상당한 수준이다. 물론 모든 회사가 그런 것은 아니다. 친절을 베푸는 데는 돈이 들지 않지만 그것은 기업에 많은 혜택을 안겨 준다.

신속

빠른 서비스만큼 고객에게 큰 감동을 안겨 주는 것도 드물다. 그러나 서비스를 빨리 제공하려다 보면 일상적인 절차와 충돌할 수 있다.

무엇이 정말로 빼어난 서비스일까? 먼저 다음의 사례를 살펴보자.

2013년 7월 6일 미국 샌프란시스코 공항에 착륙하려던 아시아나항공 OZ214편에 문제가 발생하는 바람에 승객 세 명이 숨지고 100여 명이 부상을 당했다. 이때 비행기의 여승무원들이 목숨을 걸고 승객을 구조하면서 현지 언론으로부터 '영웅'이라는 찬사를 받았다.

자동화 부품 전문기업 이구스(IGUS)는 독특한 서비스 정책을 시행

한다. 그것은 "임원의 허락 없이는 절대로 고객에게 '아니오'라고 하지 마라."는 것이다. 만약 어느 고객이 이 회사에 전화를 걸어 어떤 제품을 사흘 내에 갖고 싶다고 말한다면? 그런데 현재의 생산계획으로는 그것이 불가능하다면? 이 직원은 담당 임원과 상의해 그의 허락이 떨어져야 고객의 요청을 거절할 수 있다. 이구스의 회장 프랑크 블라제(Frank Blase)에 따르면 이 경우 약 80퍼센트는 해결책을 마련할 수 있었다고 한다. 아마 실무자가 스스로 해결책을 강구하느라 상관에게 보고하지 않은 비슷한 문제도 적지 않았을 것이다.

'정말로 빼어난 서비스'는 일상적인 절차에 따라 모든 것이 원활하게 진행될 때가 아니라 예외적인 비상사태가 일어났을 때 창출되는 듯하다. 핵심은 이것이다.

"일상적인 절차와 훈련만으로는 예외적으로 뛰어난 서비스를 제공할 수 없다."

기업이 서비스를 효과적인 차별화 수단으로 쓰려면 '일상적인 절차와 훈련' 이상의 조치가 필요하다. 기업은 서비스 직원이 정해진 절차나 편람에 얽매이지 않고 어떤 상황에서도 고객에게 좋은 서비스를 제공할 수 있도록 가르치고 이끌어야 한다.

이기려면
반드시 달라야 한다

대한민국이 외국인의 눈에 어떻게 비춰지는가에 나는 관심이 많다. 그들의 눈을 통해 우리를 바라보며 신선한 시각을 얻기도 하고, 우리가 미처 몰랐던 우리의 차별화된 강점 혹은 특이한 약점을 알 수 있기 때문이다. 그들이 주로 얘기하는 한국 사회의 독특한 면은 다음과 같다.

- 피자와 자장면을 비롯해 많은 것을 언제 어디서든 전화 한 통으로 배달받을 수 있다.
- 택배, 퀵서비스, 대중교통, 인터넷 서비스처럼 실생활과 직결된 서비스를 빠르고 쉽고 싸게 제공받는다.
- 학교 선배나 직장상사와 함께 회식하면 으레 선배나 상사 혹은 연장자

가 음식값을 낸다.

- 성형수술, 건강검진, 치과 등의 의료 서비스 수준이 높고 선진국에 비해 비용이 저렴하다.

- 인천공항은 외국의 국제공항과 비교가 안 될 정도로 깨끗하며 서비스가 빠르고 친절하다.

- 대한민국의 어디를 가든 삼성, 현대, LG, SK가 있는 것 같다.

- 토요일과 일요일에도 쇼핑 및 외식이 그리 어렵지 않으며 주말에도 AS 서비스를 받을 수 있다. 심지어 토요일 오후 서비스센터에 전화하면 일요일 아침 직원이 방문해 문제를 해결해 주기도 한다. 이런 서비스는 외국에서는 상상하기 어렵다.

어느 나라에든 그 나라만의 특이한 점이 있는데 여기서는 독일을 생각해 보자.

- 지금까지 알려진 전 세계의 2,734개 히든 챔피언 가운데 절반 가까운 1,307개가 독일에 있다.

- 독일의 고속도로에는 속도 제한이 없다.

- 독일은 선진국 가운데 대학진학률이 가장 낮다.

- 독일에는 고유한 직업훈련 시스템이 있다.

- 독일에는 미국식 경영대학원(business school)이 거의 없다.

- 독일은 수도에 모든 것이 집중되어 있지 않고 전국에 골고루 퍼져 있다.

그 밖의 다른 나라의 예도 무척 재미있다. 미국에서는 킬로미터, 킬로그램, 섭씨 대신 마일, 파운드, 화씨를 쓴다. 영국과 일본에서는 아직도 자동차가 좌측통행이다. 프랑스인은 국제적으로 공인된 용어를 쓰지 않는다. 그들에게 UN은 ONU, NATO는 OTAN, EU는 UE다.

이처럼 여러 나라의 특이한 면을 살피다 보면 다음과 같은 미국의 격언이 생각난다.

다른 사람이 무엇을 하는지 알아본 다음 그것을 다르게 하라.

엄밀히 말해 이것은 정확한 말이 아니다. '다르다'가 반드시 '더 낫다'를 의미하지 않고 '더 못하다'일 수도 있기 때문이다. 이 말은 국가와 기업에 모두 적용된다. 예를 들어 영국, 일본, 싱가포르에서는 자동차가 좌측통행을 하는데 그것이 국제 경쟁에서 이점을 준다고 보기는 어렵다. 오히려 이들 나라에서 운전하는 것을 꺼려 해외 관광객이 덜 올지도 모른다. 반면 독일의 독특한 직업훈련 시스템은 이 나라의 엄청난 강점이 되고 있다. 한국의 대학진학률은 약 80퍼센트인데 반해 독일은 40퍼센트에 불과하다. 즉, 대학진학률과 젊은 숙련공 양성에서의 독일의 '다름'은 그들의 차별화된 경쟁우위다.

앞서 말한 대로 한국에서 제공하는 많은 서비스의 신속성, 신뢰성, 가격경쟁력은 가히 세계적인 수준이다. 즉, 한국 고객의 남다른 서비스 기대 수준은 우리의 강점이다. 또 한국인 특유의 따뜻한 정, 흥이

날 때의 엄청난 역동성 등은 다른 나라에서 찾아보기 힘들다. 이를 잘 활용하면 한국 사회와 기업의 믿음직한 경쟁우위가 될 수 있다.

이제 정반대의 질문을 던져 보자. 어떤 차별점이 한국을 비롯한 여러 나라의 경쟁력 향상에 걸림돌이 되고 있는가? 예를 들어 국제표준인 미터법을 거부하는 미국의 도량형과 프랑스어만 고집하는 프랑스인의 국제용어 표기 방식은 이들 나라의 국제 경쟁에 별로 도움이 되지 않는다. 한국의 젊은이들이 지나치게 대기업을 선호하고 안정적인 공무원이 되고 싶어 하는 것, 서울에 거의 모든 지적·경제적 자원이 집중된 것, 국민경제가 소수의 대기업에 크게 의존하는 것 등은 한국이 반드시 시정해야 할 나쁜 차별점이다.

한국이 다른 나라와 다른 점은 꽤 많다. 국제경쟁력 향상을 위해 우리는 이것 하나하나의 이점과 불리한 점을 면밀히 검토해야 한다. 어떤 것은 국제 기준에 맞추고, 어떤 것은 그대로 유지하며 또 어떤 것은 더 확대해야 한다. 다르다는 것 자체가 더 낫다는 뜻은 아니지만 한 기업이 경쟁사보다 나으려면 반드시 달라야 한다.

멀티태스킹을
최소화하라

지난 30년간 우리의 삶을 가장 많이 바꾼 메가트렌드는 정보기술, 즉 IT다. 1980년대 전반기만 해도 팩스보다 텔렉스가 훨씬 더 많았고 랩톱은 고사하고 PC도 매우 드물었다. 휴대전화는 당연히 없었고 인터넷, 이메일, 화상회의 등은 이후 상당한 세월이 지난 뒤에야 나타났다. 만약 그 시점에 누군가가 오늘날 우리가 쓰는 각종 기능을 탑재한 스마트폰이 나올 거라고 말했다면 아무도 그 말을 믿지 않았으리라.

이런 도구가 하나도 없던 시절에는 사람들이 어떻게 사무를 볼 수 있었는지 지금은 상상조차 하기 어렵다. 반면 당시의 관점으로는 오늘날의 사람들이 어떻게 그 엄청난 정보의 홍수를 극복하는지 상상하기 힘들 것이다. 80년대 초의 상황과 지금을 비교해 보면 새삼 인간의 적응 능력이 뛰어나다는 생각이 든다.

오늘날 정보의 홍수에 대처하는 수단 중 하나가 바로 멀티태스킹(multitasking), 즉 동시에 몇 가지 일을 하는 방식이다. 이처럼 여러 가지 일을 동시에 하는 것은 특히 바쁜 회사 생활에서는 불가피한 측면이 있다. 반면 주의력, 시간, 신경 등의 귀한 자원을 의미 있게 활용한다는 관점에서는 문제가 많다. 해외에서 나온 실증 연구에 따르면 멀티태스킹은 다음과 같은 폐해를 낳는다고 한다.

- 시간 낭비
- 더 잦은 실수
- 신경의 피로감
- 삶의 즐거움 감소
- 불충분한 숙면

기원전 1세기경 로마의 작가이자 풍자 시인인 푸빌리우스 시루스(Pubilius Syrus)는 이렇게 말했다.

두 가지 일을 동시에 한다는 것은 둘 다 하지 않는다는 뜻이다.

미국 스탠퍼드대학의 연구진은 멀티태스킹을 많이 하는 19명과 그것을 전혀 하지 않는 22명을 비교 연구했다. 이들은 모두 실험 시간 동안 삽입되는 하찮은 자극에 아무런 주의를 기울이지 않기로 했다. 실제로 멀티태스킹을 하지 않는 집단은 그런 자극이 몇 번 가해지든 그 영향을 받지 않았다. 하지만 멀티태스킹을 하는 집단은 자극의 횟수가 늘어나면서 성과가 떨어졌고 두 과제 사이를 왔다 갔다 하는 것조차 힘들어했다. 이 실험 결과에 따르면 여러 가지 일을 동시에 하는 사람은 생각을 집중하고 통제하는 데 큰 어려움을 겪는다.

우리가 기업에서 일하는 한 몇 가지 일을 동시에 하는 것을 완전히 피할 수는 없다. 하지만 다른 한편으로 이런 형태의 작업을 최소화해야 한다는 것도 확실하다. 우리가 이메일, 스마트폰, 인터넷 등이 끊임없이 주입하는 정보와 자극으로부터 우리 자신을 보호하고 작업의 흐름이 끊기지 않도록 하려면 상당한 자제심이 필요하다. 실은 회사 동료가 주는 정보와 자극에도 굉장한 자제심을 발휘해야 한다. 실시간 소통이 가능한 스마트폰이 계속 진화하면서 우리의 행동도 달라지고 있다. 많은 경영자가 비행기가 공항 활주로에 내리자마자 거의 본능적으로 스마트폰을 켠다. 이런 행동 방식은 이미 굳어진 상태다.

현실적으로 최신 IT기기가 없으면 회사 생활은 물론 사생활조차 영위하기가 힘들다. 사실 우리는 정보통신 도구의 이점을 충분히 활용해야 한다. 그러나 때론 사람을 언제든지 접근할 수 있는 노예로 만드는, 그리하여 어느덧 우리의 상전처럼 되어 버린 기계에서 벗어나야 한다. 분명히 어떤 일은 우리가 방해받지 않고 조용히 시간을 투입해야 해낼 수 있다. 대학교수라는 직업의 성격상 나는 글을 많이 쓰는 편이다. 그러나 학교 사무실에서는 거의 쓴 적이 없고 대부분 집에서 혼자 있을 때 저술 작업을 한다. 회사에서도 경영자가 정신적, 시간적 집중이 필요한 과제를 수행할 때는 짬짬이 방해받지 않는 여러 개의 짧은 시간대를 활용하기보다 일정한 시간대 전체를 할애하는 편이 낫다. 일의 성격에 따라 그 시간대는 몇 시간일 수도 있고, 반나절 혹은 며칠일 수도 있다.

근무시간 중에 모든 기계에서 벗어나 특정 과업을 위해 일정 시간대를 따로 떼어 내는 것은 결코 쉽지 않은 일이다. 그래도 이것은 시간이라는 희귀한 자원을 의미 있고 생산적으로 활용하는 강력한 방법이다. 거의 모든 경우 집중과 몰입은 뛰어난 효율과 깊은 통찰로 이어진다.

세계를 선도하는
기업의 조건

한국 정부와 기업은 철저히 통합 전략(intergrated strategy)을 추구해야 한다. 전략론의 역사를 보면 이것이 외부 지향적일 때도 있고 좀 더내부에 초점을 맞춘 단계도 있었다. 주로 시장, 고객, 경쟁에 관심을 기울이는 전략론은 전자에 속한다. 예를 들면 포트폴리오 관리, 경쟁우위, 전략의 기본 유형, PIMS, 다각화 등이 있다. 이러한 이론은 '전략은 시장주도형(market-driven)이어야 한다'고 주창한다. 반대로 핵심 역량이나 자원 바탕 전략(resource-based strategy), 리엔지니어링 등은 기업의 내부 측면에 더 관심을 기울인다. 이 내부 지향적 견해는 기업의 뛰어난 지식, 역량, 솜씨 등이 전략 개발의 출발점이어야 한다고 주장한다. 우리 회사는 경쟁사보다 무엇을 더 잘할 수 있는가? 우리는 어

떤 분야에서 더 양질의 자원을 갖고 있는가?(예: 재무자원, 인적자원, 원료에 대한 접근, 기술력)

두 견해는 모두 일리가 있다. 하지만 둘 다 한쪽에 치우쳐 있다는 문제를 안고 있다. 어떤 시장이 크기, 성장 가능성, 수익성 등의 면에서 매력이 있다는 사실 자체는 어느 기업이 실제로 그 시장에서 성공할 확률에 대해 아무것도 말해 주지 않는다. 우리 회사는 어떤 매력적인 시장에도 들어갈 수 있고 또 그곳에서 지속적으로 이익을 올릴 수 있다는 착각은 많은 전략적 실패의 주요 원인이다.

이러한 사례는 특히 다각화 전략에서 많이 찾아볼 수 있다. 여기서 말하는 다각화란 새로운 시장에 새로운 제품을 갖고 들어가는 것을 의미한다. 이 경우 기업은 고객도 제품도 모른다는 두 가지 커다란 어려움에 부딪힌다.

코닥(Kodak)은 제약업에서, 바스프(BASF)는 음악 사업에서, 엑손(Exxon)은 사무 시스템 사업에서 그리고 폭스바겐은 정보기술 사업에서 각각 쓰라린 실패를 경험했다. 그 원인은 시장에 매력이 없었기 때문이 아니다. 오히려 시장성은 모두 좋았다. 이들이 새로운 시장에서 좌절한 까닭은 그 시장에서 성공하기에 필요한 능력을 갖추고 있지 않았거나 경쟁사들이 그 능력 면에서 더 뛰어났기 때문이다.

반대의 경우도 많이 있다.

한때 번창한 독일의 NSU나 도이츠(Deutz), 부크(Buck) 같은 회사는 뛰어난 역량을 갖추고 있음에도 불구하고 몇몇 시장에서 아예 사라졌거나 간신히 명맥만 유지하고 있다. 이는 더 이상 그들의 역량에 대한 수요가 없기 때문이다.

1950년대에 독일 슈투트가르트(Stuttgart) 근교에 있던 NSU는 당시 세계 최고의 모터사이클 회사였다. 그런데 그 무렵 유럽에서는 모터사이클을 수송 수단으로만 생각했고 그런 의미의 모터사이클은 점차 자동차에 밀려났다. 그들은 모두 모터사이클이 이제 쇠퇴기에 들어섰다고 생각했다. 사실 NSU는 그 시점에 살아남기 위해 자동차 분야의 역량을 적극 개발했어야 했다. 미국에서 모터사이클이 레크리에이션용 차량으로 재탄생하고 있음에 착안한 일본의 혼다(Honda)처럼 재빨리 이 시장에 파고들었다면 새로운 시장에서 큰 몫을 해냈을 것이다.

도이츠는 독일의 대표적인 트랙터 회사인데 농업이 쇠퇴하면서 트랙터에 대한 수요가 줄어들었다. 안타깝게도 이 회사는 트랙터 시장에서 쌓아 올린 경험과 노하우를 상용차나 공작기계 분야에 성공적으로 접목하지 못했다. 독일의 선도적인 위장군수품(camouflage munitions) 회사 부크도 냉전시대가 끝나면서 제품 수요가 곤두박질쳤다. 부크는 자사의 뛰어난 기술적 역량을 활용할 다른 시장을 찾았으나 결국 실패했다. 마찬가지로 오늘날 어떤 회사가 아무리 증기기관차나 증기기관을 잘 만들어도 제품 수요 자체가 없기 때문에 현재의 기술과 역량만으로는 살아남지 못한다.

그러므로 전략은 언제나 외부(시장) 지향적인 동시에 내부(자원) 지향적이어야 한다. 따라서 전략론의 큰 과제는 양쪽의 시각을 균형 있게 포섭하는 데 있다. 양쪽을 잘 결합시킨 전략을 우리는 통합 전략이라고 부른다. 아래의 그림은 이 개념을 잘 보여 준다.

19세기 후반 독일 통일을 이룩한 프로이센의 수상 비스마르크는 이 통합 전략의 개념을 잘 이해하고 실천한 뛰어난 전략가였다. 그가 1862년 9월 수상이 된 이후부터 1871년 1월 독일 제국을 창건할 때까지 그의 전략적 목표는 바로 '프로이센 주도 하의 독일 통일'이었다. 이 목표를 달성하기 위해 그는 덴마크, 오스트리아, 프랑스와 싸웠고 북독일연방을 조직했으며 남부의 네 나라를 설득해 독일에 편입시켰다. 이 과정에서 그가 활용한 가장 강력한 내부 자원은 프로이센의 막강한 군대였다. 통일 국가라는 게르만족의 간절한 염원도 중요한 내부 자원이었다.

외부 상황을 볼 때 가장 큰 잠재적 위협은 독일의 지정학적 위치였다. 프로이센을 비롯해 유럽대륙 한복판에 있는 게르만족의 여러 나라는 사실상 통일을 방해할 수 있는 네 열강(프랑스, 오스트리아, 러시아,

▼ 통합 전략

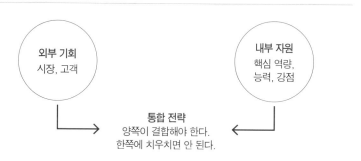

영국)에 둘러싸여 있었다. 이들이 일치단결해 독일의 동일을 막으려 한다면 목표 달성이 어려울 수밖에 없었지만, 독일 통일을 반대할지도 모를 강대국들의 이해관계가 늘 일치하는 것은 아니었다. 이는 독일의 입장에서 잠재적 외부 기회였다.

이 잠재적 기회를 실제 기회로 만든 내부 자원은 바로 비스마르크 자신의 빼어난 외교 수완이었다. 그는 어떤 때는 동맹국을 끌어들이고 또 어떤 때는 열강끼리 서로 견제하게 해서 결과적으로 그들이 프로이센에 대해 공동보조를 취하지 못하게 했다. 덕분에 비스마르크는 1864년 2월 덴마크, 1866년 6월 오스트리아, 1870년 7월 프랑스와 싸웠을 때 모두 승리했다. 이 세 차례 전쟁에서의 승리가 독일 통일로 이어진 것이다.

오늘날 한국이 국가 차원에서 원자력 산업과 고급 의료 서비스 산업을 지원하는 것은 전략적으로 올바른 방향이다. 한국은 이미 두 분야에서 상당한 내적 역량을 쌓았고 외부 시장 기회는 굉장히 크기 때문이다. 지정학적 위치 덕분에 외부 시장 기회가 많고 훌륭한 서비스 역량을 쌓은 인천국제공항을 동북아 여객수송 및 물류의 허브로 만들려는 전략도 승산이 있다고 본다.

반면 서울을 국제 금융의 허브로 만들려는 전략은 아직 승산이 크지 않은 듯하다. 금융 분야의 인재 확보, 노하우, 금융 규제 같은 사업 환경 등의 여러 가지 면에서 우리가 세계적인 핵심 역량을 갖췄다고 보기 어렵기 때문이다.

시각을 바꿔 송도국제도시에 명망 있는 미국 대학 분교를 설립하는 것도 좋다. 한국에는 수준 높은 고등교육에 대한 수요가 아주 많고 그들은 그것을 충족시킬 내적 역량을 보유하고 있다.

국가든 기업이든 외부와 내부를 균형 있게 포괄한 세련된 통합 전략을 개발하고 시행하는 것이 오늘날의 대세다. 물론 통합적인 시각을 채택하면 전략 개발 과정이 더욱 복잡해진다. 전략가는 늘 양쪽을 모두 염두에 두어야 하기 때문이다.

한 회사가 어떤 전략적 상황에 놓여 있는지 평가할 때 우리는 대외적 경쟁우위와 내부 역량을 균형 있게 분석해야 한다. 이때 양쪽 분야 모두 계량적으로 접근하는 것이 좋다. 즉, 계량적 방법을 통한 추정 및 평가가 이루어져야 한다.

외부 분석은 주로 고객의 의견과 견해에 의존한다. 내부 역량 평가는 벤치마킹이나 시장과 경쟁사를 잘 아는 임직원과의 워크숍, 중립적 외부 전문가를 대상으로 한 설문조사 등이 적합하다. 경영자는 이렇게 얻은 자료를 바탕으로 두 가지 측면을 균형 있게 포괄하는 방향으로 전략을 개발해야 한다. 한 회사의 전략이 이런 과정을 거쳐 태어나면 그 성공 확률이 매우 높다.

한국 기업의 경쟁력이
곧 국가경쟁력이다

한국 경제가 나아갈 방향을 생각할 때 그 출발점은 우리가 앞으로 살아갈 시대의 시장 환경을 정확히 이해하는 일이다. 지난 50년간 우리 삶을 가장 많이 바꾼 '거대한 동향'(megatrend)은 무엇일까? 이 질문을 사람들에게 던지면 가장 자주 듣는 대답은 정보기술(IT)이다. 똑같은 질문을 30~40년 후에 한다면 어떨까? 그 대답은 '세계화'일 가능성이 크다. 특히 한국처럼 국토가 작고 부존자원이 적으며 내수 시장이 크지 않은 나라는 더욱더 가속화하는 세계화의 물결에 어떻게 적응하느냐가 생존의 문제다. 세계화와 관련해 특히 시사점을 많이 주는 자료는 주요 국가의 수출액과 1인당 수출액이다.

다음 그림에서 보듯 중국은 최근 10년간 세계에서 수출을 가장 많이 했다. 그러나 220쪽의 그림에서 보다시피 수출경쟁력의 지표인 1인당 수출액은 단연 독일이 1위다. 이러한 수출경쟁력의 진정한 원천은 1,300개가 넘는 초일류 중소기업, 즉 히든 챔피언이다. 독일에 이어 세계 제2의 수출경쟁력을 갖춘 나라는 한국이다. 이는 자랑스러운 일이지만 아직 독일과의 격차가 아주 크다. 특히 한국은 독일과 달리 삼성전자, 현대자동차, LG전자 등 몇몇 대기업이 수출을 주도하고 있기 때문에 압도적인 수출경쟁력을 갖추려면 한층 더 많은 히든 챔피언을 육성해야 한다.

한마디로 한국은 세계화 시대에 수출경쟁력을 더욱 강화해야 하는

▼ 세계 주요 국가의 최근 수출 실적(2005~2014)

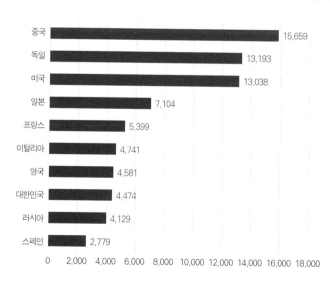

출처: www.destatis.de | 단위: 10억 달러

데, 이를 위해서는 전 세계에 상품 및 서비스를 판매할 세계적인 수준의 중소기업을 많이 육성해야 한다.

세계화 시대를 맞이해 한국 경제가 국제경쟁력을 더 높이려면 어디에 주안점을 두어야 하는가?

가장 중요한 요소는 혁신이다. 기업의 크기와 관계없이 한국의 모든 기업이 혁신에 온 힘을 기울여야 한다. 혁신 능력이야말로 기업경쟁력의 근간이기 때문이다. 혁신 능력의 가장 의미 있는 지표는 특허출원 건수인데, 221쪽의 그림에서 보듯 한국은 이 부문에서 상당히 잘하고 있다. 그러나 경쟁국인 미국, 일본, 독일이 저만치 앞서가고 있고 중국

▼ 세계 주요 국가의 1인당 수출액(2005~2014)

출처: www.destatis.de | 단위: 달러

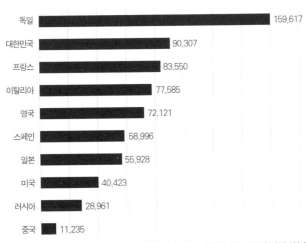

은 무서운 속도로 쫓아오면서 여러 분야에서 이미 우리를 따라잡았다.

그다음은 제조업 기반이다. 강한 제조업은 고용을 창출하고 무역수지 흑자를 낳는다. 222쪽의 그림은 각국의 GDP에서 제조업이 차지하는 비중과 무역수지의 관계를 나타낸 것이다. 이는 한 나라의 제조 경쟁력과 그 나라의 무역수지 사이에 밀접한 상관관계가 있음을 뚜렷이 보여 준다. 한국이 2008년 금융위기에서 비교적 빨리 벗어난 커다란 요인 중 하나가 바로 제조경쟁력이었다.

한국은 반도체, 철강, 조선, 자동차 등 주요 제조 분야에서 강한 경쟁

▼ 주요 국가가 미국 특허청 및 유럽 특허청에 출원한 특허 건수(2012)

출처: 미국 특허청&유럽 특허청

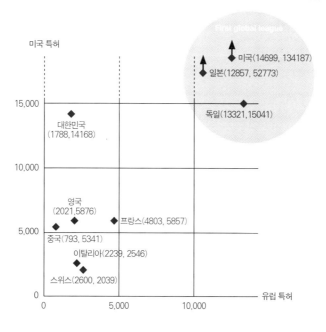

력을 바탕으로 세계 수출시장에서 큰 몫을 해냈고 특히 고성장을 지속하던 중국에 많은 물량을 공급했다. 이제 미국과 일본도 제조업의 엄청난 중요성에 다시 눈을 뜨고 자국의 제조업 육성에 힘을 기울이고 있다. 반면 한국 경제는 최근 주요 제조 분야가 많이 흔들리고 있다. 이는 중국의 추적 및 추월과 높은 인건비 때문인데 원가경쟁력은 우리의 국제경쟁력을 높이기 위해 반드시 주목해야 할 항목이다.

경영에서 원가는 막중한 위치를 차지한다. 기업은 가능한 한 많은 이익을 올리기 위해 애쓰는데 이익 방정식을 보면 다음과 같다.

▼ 주요 국가의 제조업 비중과 무역수지

출처: 독일경제연구소(2012년 12월 1일자 보고서)

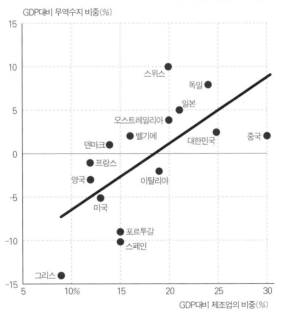

이익 = 가격 × 판매량 - 총원가

기업이 아무리 많이 팔고 값을 제대로 받아도 원가가 높으면 이익이 줄어들고 그것이 매출액보다 높으면 적자가 나게 마련이다. 그래서 기업은 호황일 때든 불황일 때든 끊임없이 원가절감 노력을 기울여야 하는데, 총원가에서 매우 큰 부분을 차지하는 것이 바로 임금이다. 2000년 이후 독일의 국가경쟁력이 높아지고 자타가 인정하는 유럽의 최강국

▼ 독일과 다른 유럽 국가들의 노동비 상승률

출처:《월스트리트저널》, p.32: OECD, 2013. 4. 18.

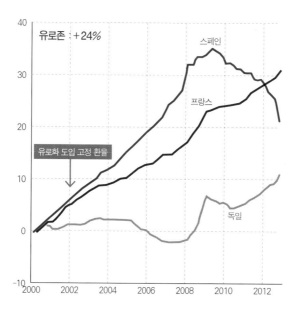

으로 군림하게 된 커다란 이유 중 하나가 원가경쟁력이다.

223쪽의 그림이 보여 주듯 2000년 이후 유로를 쓰는 나라들의 단위당 노동비는 약 24퍼센트 올랐지만 독일은 그것의 상승률이 10퍼센트에 불과하다. 앞에서 보았듯 독일은 혁신 능력이 뛰어나고 제조업 기반도 강한데 여기에 원가경쟁력까지 갖춤으로써 안정된 국제경쟁력 기반을 갖춘 셈이다.

독일처럼 노동생산성이 높은 선진국이 이토록 임금 상승을 억제하려 하는 것은 그만큼 한 나라의 원가경쟁력이 국가 및 기업 경쟁력에 큰 영향을 미치기 때문이다. 한국 정부와 기업들은 원가절감을 위해 더 뼈를 깎는 노력을 해야 할 것이다.

정도(正道)가 아니면 길이 아니다

1958년 8월 7일 대한교육보험이란 이름으로 출발한 교보생명과 이 회사의 신창재 회장은 한국 사회에서 매우 특이한 위치를 차지하고 있다. 우선 교보생명은 한국인의 근면성과 엄청난 교육열에 착안한 창립자 신용호가 고안한 '교육보험' 상품을 판매하는 것으로 시작했다. 즉, 교보생명은 그 태생부터 지극히 한국적인 현상을 토대로 설립된 회사다.

또한 교보생명은 한국의 주요 금융기관 중 유일하게 이른바 주인(owner), 즉 경영권 확보가 가능할 정도의 큰 지분을 가진 대주주가 존재한다. 그뿐 아니라 이 회사는 창업 이래 지금까지 같은 집안에서 경영하고 있다. 교보생명은 50여 년 동안 한 번도 주인이 바뀌지 않은 한국의 유일한 대형 금융회사다.

창업자 신용호의 아들 신창재는 1953년생으로 서울대 의과대학 산부인과 교수로 재직 중이던 1996년 11월 교보생명의 부회장이 되고, 아시아 외환위기 직후인 2000년에 대표이사 회장으로 취임하면서 이 회사의 명실상부한 최고경영자가 되었다. 40대 중반까지 경영과 보험에 대해 문외한이던 그가 지휘봉을 잡자 우려하는 목소리가 많이 나왔다. 실제로 그의 재임 기간 동안 교보생명은 외환위기 여파에 따른 재무적 어려움을 비롯해 많은 시련을 겪었고 심지어 '부실이 심해 곧 망한다' 같은 온갖 소문에 시달렸다.

하지만 다음에 나오는 세 가지 경영지표에서 보다시피 신창재 회장 취임 이후 교보생명은 눈부시게 발전했고 그의 업적은 공신력 있는 국내외 여러 기관이 앞다투어 인정하고 있다.

신창재 회장 취임 이후 교보생명의 경영 지표 변화

▼ 총자산

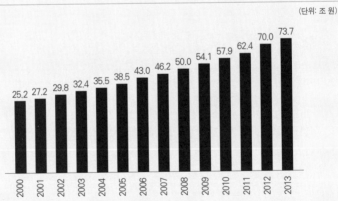

(단위: 조 원)

▼ 당기순이익

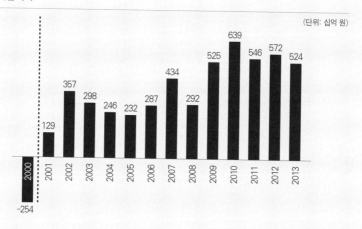

(단위: 십억 원)

▼ 자본금

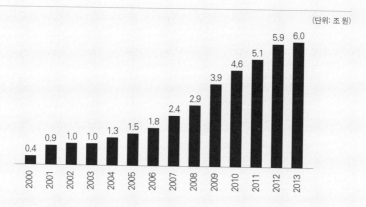

(단위: 조 원)

　국제 신용평가 회사 무디스(Moody's)는 교보생명에 7년 연속 A2 신용등급을 부여했고, 피치(Fitch)는 A+ 신용등급을 매겼다. 이처럼 세계적인 신용평가 회사들이 높은 신용등급을 부여한 국내 금융기관은 교보생명이 유일하다.

▼ 신창재 회장의 주요 수상 경력

2014.08	한국경영학회, '경영학자 선정 경영자 대상' 수상
2012.10	아시아 보험 산업 대상, '올해의 최고 보험경영자상' 수상
2010.05	독일 몽블랑 문화재단, '제19회 몽블랑 문화예술 후원자상' 수상
2010.05	한국능률협회, '한국의 경영자상' 수상
2008.01	전경련 국제경영원, 'IMI*경영대상' 수상
2004.06	여성부, '대통령 표창'**수상
2004.03	한국전문경영인학회, '한국 CEO대상' 수상
2001.11	한국능률협회, '최고경영자상' 수상

* IMI: International Management Institute
** 여성 지위 향상을 통한 국가 발전에 기여 공로

그 외에 신창재 회장은 대산문화재단 이사장으로 활동하는 동시에 대산농촌문화재단, 교보생명교육문화재단 등 교보생명 출연 공익법인을 지속적으로 지원하고 있다. 또한 한층 더 전문적이고 체계적인 사회공헌 활동을 위해 2002년 창단한 '교보다솜이 사회봉사단'을 통해 '이른둥이(미숙아) 지원 사업', '교보다솜이 간병봉사단', '교보생명 꿈나무 체육대회' 등 다양한 사회공헌 활동을 지원한다. 즉, 신창재 회장은 지난 10여 년간 최고경영자로서 뛰어난 능력을 보여 주었을 뿐 아니라 진정성 있는 사회봉사활동으로 이른바 노블레스 오블리주(noblesse oblige)의 본보기가 되고 있다.

변화 경영의 달인

기업경영의 관점에서 신창재 회장의 가장 중요하면서도 뛰어난 업적은 그가 2000년부터 과감하게 추진한 변화 경영이다. 그가 그 시점에 획기적인 변화와 혁신을 시도하지 않았다면 오늘날 교보생명은 존재하지 않을지도 모른다. 1997년 말 IMF 위기가 닥친 이후 교보생명은 사실상 비상경영체제를 유지했지만 회사를 둘러싼 경제 상황은 몹시 어렵고 긴박했다.

IMF 외환위기 이후 교보생명이 2~3년에 걸쳐 직간접적으로 입은 자산 손실은 무려 2조 4,000여 억 원에 달했다. 그 원인 중 하나는 교보가 대우 계열사 채권을 많이 보유했기 때문이다. 당시 교보는 재무구조가 비교적 탄탄하고 책임준비금에 여력이 있어서 간신히 버텼으나 창사 이래 최대의 위기임에 틀림없었다. 만약 요즘 금융감독 당국에서 적용하는 자본건전성 척도로 엄격히 평가했다면 교보생명은 이미 퇴출당했을 것이다.

여기에다 가정경제가 위축되어 신규 계약이 급감한 상황에서 시중 금리가 오르자 고액 보험가입자들이 계약을 해지하는 사태가 벌어졌다. 신창재 회장이 이 위기 상황을 얼마나 절실하게 받아들였고 또 그가 변화와 혁신의 필요성을 얼마나 뼈저리게 느꼈는가는 다음의 극적인 사례에서 잘 알 수 있다.

"뉴스 속보입니다."

2000년 4월 계성원(교보생명 연수원) 대강당을 가득 메운 교보생명 임직원들은 웅성거리며 무대에 설치한 대형 스크린으로 시선을 옮겼다. 당시 교보생명의 전국 지원단장과 간부사원 500여 명은 2000년 사업연도 시작을 맞아 전사적인 전략회의를 열고 있었다. 한창 강연 중이던 신창재 회장도 연설을 중단했다. 스크린에서는 모 지상파 방송국 뉴스가 아무런 예고도 없이 속보로 흘러나오고 있었다. 사내 방송실에서 다급히 잡아 연결한 듯했다. 스크린 좌측 상단에는 '교보생명 부도'라는 자막이 떠 있었다. 스피커 볼륨이 높아지면서 앵커의 목소리가 강당을 메웠다.

"국내 굴지의 보험업계 기업 교보생명이 16일 오전 9시 금융감독원에 파산 신청을 했습니다. 교보생명의 도산이 발표되는 시각, 금감원장은 긴급 기자회견을 열고 교보생명의 도산을 공식 확인했습니다……"

강당 안은 찬물을 끼얹은 듯 조용했다. 그 뉴스 속보가 교보생명이 자체 제작한 가상 뉴스라는 사실을 눈치채는 데는 오랜 시간이 걸리지 않았다. 하지만 사태의 진상을 파악하고도 누구 하나 가벼이 웃거나 소곤거리지 않았다. 영상물이 실제 방송사 뉴스와 비슷한 데다 그즈음에는 대기업의 도산을 타전하는 뉴스 속보가 끊이지 않았던 탓이다. 더구나 '변화와 혁신'을 주제로 이틀 일정으로 열린 회의는 아침부터 시종 침울하고 심각한 분위기에서 진행되고 있었다. 임직원들은 호기심을 동반한 긴장감 속에서 이어지는 뉴스를 주시했다.

"금감원장은 경영부실로 경영난이 심화된 교보생명에 대해 회생 가능성이 없다는 판단을 내리고 퇴출을 결정했다고 발표했습니다. 갑작스런 소식에 임직원들은 일손을 놓고 허탈감에 빠졌고, 전국 지점에는 가입자들의 문의와 항의가 쇄도하고 있습니다. 한보와 기아에 이어 대우 사태의 충격이 채 가시지 않은 상황에서 총자산 20조 원으로 재무구조가 탄탄한 것으로 알려진 교보생명마저 파산 신청에 들어가자 재계는 물론 국민도 큰 충격에 빠졌습니다……."

이 영상물은 순차적이면서도 신속하게 전국의 모든 교보생명 사원들에게도 방영되었다. 영상물보다 먼저 소문으로 번져 나간 것은 계성원의 충격이었다. 변화와 혁신의 고삐를 잡은 교보생명은 임직원들의 경각심을 불러일으키고 각오를 새롭게 다질 필요가 있었다. 도산을 가정한 뉴스는 일종의 충격요법으로 외국의 선진 기업들이 종종 활용한다. 그러나 교보생명의 입장에서는 조직 구성원의 정신무장용으로 만든 의례적인 교육 자료나 이벤트가 아니었다. 이는 기업문화에 일대 충격을 가하는 상징적 조치일 뿐 아니라 변화와 혁신의 대장정을 알리는 신호탄이기도 했다.

이 파격적인 가상 뉴스는 역으로 변화와 혁신에 대한 신창재 회장의 의지를 보여 주었다. 극비리에 제작한 이 영상물에는 신창재 회장이 직접 제안한 아이디어와 시나리오가 담겨 있었다. 이처럼 비장한 각오로 '변화혁신 프로젝트'를 시작한 신창재 회장이 그린 변화의 큰 그림은 네 가지였다.

---

1. 1인 중심 경영체제를 비전과 전략 중심으로

2. 매출과 공급자 중심의 사업 전략을 이익과 시장, 고객 중심으로

3. 매출, 자산, 조직 규모 등의 외형적 경쟁력을 브랜드, 판매채널, 상품, 자산운용, 위험 관리 능력의 내실화로

4. 관료주의와 연공서열 기업문화를 자율성을 높인 성과주의 문화로

이 네 가지 목표를 달성하기 위해 신 회장은 10개 항의 핵심 실천 과제를 제시했다.

정도(正道)경영, 고객만족 경영, 스피드 경영, 이익 중심 경영, 현장 중심 경영, 정직과 창의로 기업문화 창조, 커뮤니케이션 활성화, 선진 인사관리시스템 구축, 비효율 낭비요소 청산, e-비즈니스 시장 선도.

우선 그는 변화와 혁신을 일관성 있게 추진할 구심체로 변화혁신위원회를 조직했다. 회장과 핵심 임원들이 참여하는 이 의사결정기구에다 회장실 직속으로 변화 관리 담당 핵심 조직인 '변화 관리팀'도 출범했다. 나아가 신창재 회장은 변화와 혁신 분야의 권위자 존 코터(John Kotter)가 제시한 변화혁신 8단계 모델을 참조해 이 단계를 충실히 밟아 나갔다.

신창재 회장이 채택한 코터의 혁신모델은 결과적으로 다음과 같은 이

1단계	위기감 조성
2단계	강력한 변화추진을 위한 구심체 구축
3단계	비전 및 전략 개발
4단계	비전 및 전략 커뮤니케이션
5단계	권한 이양과 장애물 제거
6단계	단기적 성공사례(Quick Win) 만들기
7단계	여러 성공사례의 통합과 혁신 가속화
8단계	새로운 제도를 기업문화로 정착

유로 교보생명의 변화혁신 프로젝트에 큰 도움이 되었다고 평가받는다.

- 대규모 변화혁신이 성공하기 위해서는 코터 모델처럼 반드시 정해진 단계를 체계적으로 밟아야 한다.
- 이러한 단계에서 중요한 것은 사람의 행동을 바꾸는 것인데, 코터의 모델은 이성적인 사고 및 분석을 통해 설득하는 것보다는 감정의 변화를 이끌어 내는 것을 중시한다.
- 큰 변화혁신을 일으키려면 혁신의 각 단계를 차근차근 밟는 것이 중요하다. 코터의 모델은 순서대로 각 단계를 밟는 것이 성공의 지름길이라

고 강조한다. 신창재 회장 역시 여러 단계를 한꺼번에 뛰어넘으려는 유혹에 빠지지 않고 한 단계씩 마무리 짓고 그다음 단계로 나아갔다.

코터의 모델을 기반으로 신창재 회장이 시행한 조치를 각 단계별로 구체적으로 살펴보자.

1단계 : 위기감 조성

앞에서 언급한 2000년 4월 16일 계성원에서 있었던 '뉴스 속보' 방영 사건은 말할 것도 없이 신창재 회장이 절박한 위기감을 조성하기 위해 그가 인위적으로 연출한 것이었다.

2단계 : 강력한 변화추진을 위한 구심체 구축

신창재 회장은 먼저 핵심과제들에 대한 신속한 의사결정을 하기 위해 회장과 핵심임원들이 참여하는 '변화혁신위원회'를 신설하였다. 이어서 그는 조직 및 전략, 영업, 자산운용, 인력, 경영지원 등의 5대 부문에서 대리급 이상의 핵심인력을 차출하여 회장 직속의 '변화관리팀'을 구성하였다. 이것은 그 후 6개팀 35명으로 이루어진 '변화추진본부'로 확대, 개편되었다.

3단계 : 비전 및 전략 개발

'교보인의 비전 만들기'는 전 교보인의 참여 속에 3단계로 진행되었다.

1단계는 비전의 필요성 인식과 비전 수립 방향을 모색하는 단계였으며, 각 계층별 아이디어 미팅을 진행하는 한편, 업의 본질에 대해 질문하고 토론하는 교육이 실시되었다. 이 교육에는 무려 5,430명이 참여하였다.

2단계는 '개념 이해' 단계로 비전의 개념과 필요성, 적극적인 참여의 중요성을 알리는 영상물이 제작, 보급되었다.

3단계는 비전의 구체화 단계로 먼저 변화추진본부 사원들이 그동안 정리한 핵심목적과 핵심가치안을 영업현장에 전파하였다. 회사는 또한 625회에 걸친 현장 비전 간담회, 임원워크숍, 보험설계사 대상 비전 간담회 등을 실시하는 등 지속적으로 의견을 수렴하였다.

비전이 확정 단계에 접어들자 계층별 대표자들이 참여하는 '비전 정립 워크숍'을 개최하여 최종 비전안을 가다듬었으며, 2001년 11월 8일 비전 확정을 위한 경영협의회를 열어 "모든 사람이 미래의 역경에서 좌절하지 않도록 도와 드리는 것."을 교보생명의 핵심목적으로 정하였다. 또한 핵심가치로는 '고객 지향', '정직과 성실', '도전정신'이 채택되었다.

4단계 : 비전 및 전략 커뮤니케이션

신창재 회장은 비전 특강, 워크숍, 전사 전략회의, 현장 방문, 위성방송 등의 공식 경로를 통해 지속적으로 비전을 전파하였다. 또한 그는 조직원들의 마음의 벽을 허물고 감성을 자극하기 위해 조직원들과의 등

산, 불우이웃돕기를 위한 '1일 호프' 등의 행사를 했다. 그는 고객보상 대상 시상식에서 기타를 치며 노래를 부르기도 했으며, 재무설계사의 발을 씻어 주는 세족식도 한 바 있다.

5단계 : 권한 이양과 장애물 제거

5단계에서는 CS혁신협의회를 신설하였다. 이것은 본사와 영업현장 실무 담당자들로 이루어진 위원회이며, 교보는 이들에게 권한을 위임하여 고객 중심 경영을 저해하는 각종 걸림돌을 제거하게 하였다. CS혁신협의회는 2000년 11월부터 2003년 7월까지 활동하였으며, 이 기간 동안 연 인원 900여 명의 사원이 위원으로 참여하여 627건에 달하는 안건을 처리하였다. 교보는 또한 2002년 6월 '발목 잡는 제도 파괴위원회'를 발족하였으며, 이 위원회는 총 548건에 이르는 회사의 각종 제도와 기준, 규정을 심의 테이블에 올려 135건을 개선하였다.

6단계 : 단기적 성공사례(Quick Win) 만들기

변화혁신은 시간이 걸리는 만큼 단기적 목표와 성과가 없으면 추진력을 잃게 될 위험이 있다. 그래서 신창재 회장은 영업현장의 Best Practice를 체계화하여 이를 영업현장 조직에 뿌리내리게 하는 SSP(Sales Stimulation Program)를 2006년 1월부터 지속적으로 시행하고 있다. 이것은 이전의 교육프로그램과는 달리 현장에서 실시간으로 이루어지는 현장양성 프로그램이다. 신창재 회장은 이 프로그램을 지속적으로 실시함으로써 고성과 영업 정착의 기반을 마련했다.

7단계: 여러 성공사례의 통합과 혁신 가속화

교보생명은 2000년 변화혁신을 선포한 이래 매년 경영화두를 제시하여 변화혁신의 속도를 늦추지 않고 있다. 그 예를 들면 다음과 같다.

- 2003년 : Quality 경영
- 2004년 : 고객만족 경영
- 2005년 : 고성과 문화
- 2006년 : 종합이익관리 및 리스크관리

교보생명은 또한 2007년에 '가족사랑 프로젝트'를 시작하여 전 임직원과 재무설계사가 보험의 본질을 되새기고 가족생활보장과 노후생활보장을 기반으로 한 생애설계 역량을 강화하는 데 주력하였다.

8단계 : 새로운 제도를 기업문화로 정착

변화는 '일하는 방식'이 바뀌고 그것이 기업 내에 체질화되었을 때 정착된다고 한다. 교보생명은 지속적인 변화를 추진하며 혁신된 제도와 시스템을 기업문화로 정착시키려는 노력을 계속 기울이고 있다. 신창재 회장은 변화와 혁신은 교보생명이 존재하는 한 계속 추진해야 할 영원한 과제로 보고, 이를 실천하고 조직문화로 정착시키는 데 주력하고 있다.

신창재 회장이 열정적으로 추진한 변화혁신 프로젝트는 일단 성공적이라는 것이 내외의 평가다. 고객만족 경영, 윤리 경영, 고성과 문화 정착 등 경영 내실을 향한 질적 변화가 자연스럽게 양적 성장으로 이어지면서 교보생명은 지속성장의 선순환 궤도에 진입했다. 무엇보다 고객 선호도, 재무컨설턴트의 생산성, 이익률 등 핵심 경쟁력 지표가 크게 향상되었고 경영정보시스템과 성과관리시스템 등의 경영 인프라도 성공적으로 구축했다. 하지만 교보생명의 변화와 혁신은 현재진행형이며 임직원들이 '교보의 변화와 혁신에는 마침표가 없다'고 말할 정도로 변화와 혁신을 당연한 것으로 받아들이는 기업문화가 정착되었다.

빼어난 소통 능력의 소유자

변화 경영이 얼마나 어려운 작업인가는 성공적인 변화형 경영자의 대명사로 불리는 전 GE 회장 잭 웰치의 말에서도 알 수 있다. 언젠가 그는 인터뷰에서 다음과 같은 요지의 말을 했다.

변화를 따르려는 사람은 없거나 아주 적다. 사람들은 대체로 현 상태를 고수하려 한다. 그들은 자신이 잘 아는 지금까지의 생활양식을 좋아한다. 따라서 그들은 누군가가 현 상태를 바꾸려 하면 과거를 더욱 미화하며 변화를 거부한다. 옛날이 좋았다는 것이다. 이런 이유로 누구든 심각한 변화를 일으키려 할 때는 대단한 저항에 부딪칠 각오를 해야 한다. 크게 바꿀 필요가 있을 때 점진적, 단계적으로 변화를 일으키려 하면 실패하게 마련이다. 그때의 시행 조치가 혁신적, 혁명적이지 않으면 관료화된 보수 세력의 힘에 꺾이고 만다. 특히 경영진이 적극 필요한 조치를 취하고 과감히 개혁의 선두에 나서지 않을 경우 아무런 변화도 일어나지 않는다.

새로운 방향을 정립하려 할 때 결정적인 것은 직접 나서서 이야기하는 것이다. 웰치는 다음과 같이 말하고 있다.

당신은 직접 대중 앞에 나서서 당신의 메시지를 쉴 새 없이 되풀이해야 한다. 이때 메시지의 내용은 늘 같아야 하며 아무리 지루해도 이 작업을 계속해야 한다.

경영자들은 흔히 끊임없는 커뮤니케이션의 중요성을 과소평가한다. 경영자가 변화의 필요성과 새로운 목표에 대해 아무리 여러 번 역설해도 대부분의 종업원은 그의 말을 기껏해야 한 번이나 두 번밖에 듣지 못한다는 사실을 기억해야 한다.

신창재 회장의 진정성이 담긴 끊임없는 소통은 변화혁신 프로젝트의 핵심 성공요인 중 하나다. 그는 변화와 혁신을 전파하기 위해 상당히 적극적으로 임직원들과 소통했다. 가령 그는 사원, 법인영업사원,

본사 대리, 지원 담당, 과장, 지점장, 팀장, 임원 들을 만나 계층별로 대화를 나눴다. 대화 형식은 다양했다. 본사 과장급 30여 명과 함께한 북한산 주말 산행을 시작으로 그는 전국의 지역본부를 순회하며 사원들과 함께 산에 올랐다. 산행은 계절을 바꿔 가며 1년 내내 이어졌다. 외부에 일명 '대화 경영'으로 알려진 산행을 통해 신 회장은 영업현장의 생생한 의견을 접하고 자신의 경영철학을 전파했다.

'호프데이'나 '칭찬 오찬 프로그램'도 그의 대표적인 커뮤니케이션 방식이다. 광화문 사옥 1층 로비에 차린 불우이웃돕기 일일 호프하우스에서 신 회장은 사원들과 맥주잔을 놓고 앉아 격의 없는 토론을 벌였고, 동료들이 '이달의 칭찬 대상자'로 선정한 사원들을 매달 점심에 초대해 담소를 나누었다. 칭찬 오찬 프로그램은 지금도 계속되고 있다

또한 그는 변화혁신을 위한 교육을 줄기차게 이어 갔고 계성원에서 교육이 있는 날에는 사원들과 자정이 넘도록 토론을 벌였다. 나아가 그는 사내 인트라넷에 '건의 코너'를 설치해 사원들이 직접 이메일을 통해 회장과 소통하게 했다.

경영책임을 맡은 초기에 그는 1년에 370회나 전략회의를 열었다. 한 번 나가면 한 달씩 걸리는 지역순회를 1년에 네 번씩 하기도 했다. 여덟 개 지역본부를 순회하며 점포장, FP, 사원, 고객을 만나 하루 여덟 시간씩 강연하고 대화한 것이다. 이는 거의 초인적인 강행군이다. 그때의 강행군으로 성대를 다쳐 그는 지금도 성대가 좋지 않다. 순회를 마치고 집에 돌아오면 그야말로 기진맥진했다. 그래도 아내에게 땀 냄새

가 왜 그리 심하냐는 말을 들을 때 그는 무척 행복했다고 한다. 열린 커뮤니케이션을 통한 조직원들과의 공감대 형성이 리더십 확립과 변화 경영 성공에 크게 기여했음은 물론이다.

신창재 회장은 매년 초 교보생명 전 직원에게 사업연도 출발 조회사, 그리고 창립기념일인 8월 7일에 전 직원에게 창립기념사를 보낸다. 우선 이것은 문장 수준이 아주 높다. 그는 먼저 교보생명의 현 위치를 정확히 진단하고 이에 바탕을 둔 경영방침을 설명하며 이어 구체적인 실천방안을 제시한다. 이 과정에서 그는 자연스럽게 자신의 경영철학을 피력하며 이른바 '업의 본질'을 논의한다. 예를 들어 2014 사업연도 출발 조회사에는 다음과 같은 내용이 포함되었다.

2014 출발 조회사

우리는 2015년 내에 '고객보장을 최고로 잘하는 회사가 된다'는 목표를 향해 나아가고 있습니다. 고객보장을 다른 어떤 회사보다 탁월하게 제공하려면 무엇보다 먼저 '생명보험'에 대해 정확히 이해해야 합니다.

생명보험의 기본 정신은 상부상조를 통해 미래의 역경을 극복하도록 서로 돕는 것입니다. 이는 자기 계좌에 일정 기간 돈을 적립한 후 이자와 함께 목돈을 타가는 은행의 예금 적금과는 개념이 전혀 다릅니다. 생명보험은 사랑과 지혜가 듬뿍 담긴 금융상품이지요. 다시 말해 일인은 만인을 위해 일정 금액, 즉 보험료를 기부하고 만인은 역경이나 사고를 당한 일인을 위해 일정금액, 즉 보험금을 전달합니다.

언뜻 이것은 남에게 돈을 기부하는 이타적인 행위로 보이지만 이런 마음가짐으로 보험료를 기부하며 살다 보면 나중에 역경이 닥쳤을 때 본인에게도 이로운 결과가 돌아오는 그야말로 '상생'의 지혜를 일깨워 주는 제도입니다. 생명보험이란 모든 참여자가 인간 사랑의 정신은 물론, 윤리와 도덕성과 지혜로움까지 두루 갖춰야 제대로 운영되는 독특한 경제제도입니다.

이처럼 생명보험은 언제 발생할지 모를 각종 위험에 대비함으로써 가정의 재정적 안정을 보장할 뿐 아니라, 사회보장제도를 보완해 국민복지의 일익을 담당하고 나아가 국가경제 발전에도 기여하고 있습니다.

하지만 현실은 여전히 생명보험의 본질을 제대로 이해하지 못하는 경우가 많습니다. 그러다 보니 생명보험의 가장 중요한 기능인 '보장'의 개념을 도외시하고 마치 정기예금이나 펀드처럼 단기수익률로 평가하면서 절세 혹은 재테크 수단쯤으로 여기거나, 심지어 부당한 방법으로 보험금을 노리는 보험사기 대상으로 인식하는 등 생명보험을 부정적이고 왜곡된 시선으로 바라보고 있습니다.

우리 회사는 생명보험업을 전업으로 하므로 더 큰 자긍심과 사명감 아래 생명보험이 고객들 간의 상부상조를 통해 많은 고객이 미래의 역경에서 좌절하지 않도록 보장해 주는 경제 제도임을 우리 스스로 바르게 인식하는 것이 선행되어야 합니다.

2014년에는 경영진을 필두로 임직원과 컨설턴트 분들이 사랑과 지혜, 도덕성이 담긴 생명보험의 기본 정신을 철저히 체득해 모두가 진정한 생명보험인으로 거듭나길 바랍니다. 그런 연후에 고객 분들께 상부상조의 지혜를 납득시키는 보험영업 활동을 실천해야 합니다.

이처럼 신창재 회장은 직원들에게 생명보험업의 본질을 명확히 알림으로써 자긍심과 사명감을 고취하는 동시에 고객보장이 왜 그렇게 중요한지 일깨우고 있다.

고객 중심을 내재화한 경영자

고객 중심은 신창재 회장 자신의 정체성의 중요한 일부다. 이는 그 개념이 '모든 사람이 삶의 역경에서 좌절하지 않도록 도와준다'는 생명보험의 기본 정신에 바탕을 두고 있기 때문이다. 즉, 남을 이롭게 함으로써 스스로를 이롭게 한다는 자리이타(自利利他) 정신은 생명보험업의 본질로 이 업종에서는 남을 도우려는 마음, 즉 고객을 위하는 마음이 무엇보다 중요하다.

신창재 회장이 2001년 12월에 선포한 '교보인의 비전 2010'에는 교보생명이 추구하는 세 개의 핵심 가치 가운데 '고객 지향'이 가장 먼저 나온다. 나머지 둘은 '정직과 성실'과 '도전정신'이다. 그런데 '비전 2010'이 10년 동안 진화해 2011년 4월 15일에 선포된 '비전 2015'에서는 핵심 가치 부분에서 '고객 지향'이 '고객 중심'으로 바뀌었다. 그 까닭은 '고객 지향'은 공급자 중심인데 반해, '고객 중심'은 소비자, 고객 중심의 표현으로 이것이 교보생명이 추구하는 본질에 더 가깝기 때문이다. 신창재 회장이 회사의 제1의 핵심 가치인 '고객 중심'과 관련해 교보 임직원들에게 끊임없이 당부하는 행동양식은 항상 "우리는 업무수행 시 선량한 고객의 이익과 혜택을 먼저 생각하고……"라는 식으로 시작한다. 이러한 그의 고객 중심 경영철학이 앞서 말한 사업연도 출발 조회사에서 어떻게 드러나고 있는지 살펴보자.

2012년

"고객이 없는 교보생명은 존재할 수 없습니다. 고객이 우리에게 바라는 것이 무엇인지 먼저 생각하고, 우리가 고객에게 어떤 혜택을 줄 수 있는지 늘 고민하고 실천해야 합니다. 모든 임직원과 컨설턴트는 보험인으로서 강한 책임을 느끼고 고객 불만을 철저히 예방하려 노력해야 합니다."

2013년

"고객 중심 경영을 위해 정기적인 고객 의견 수렴, 선제적 VOC(고객의 소리) 관리체계 도입, 현장 지원 기능 등을 강화한 것입니다."

2014년

"고객 가치를 혁신할 수 있는 상품을 개발, 공급해야 합니다."
"교보생명이 정말 고객 중심으로 생각하고 고객을 만족시키기 위해 노력한다는 진심을 인정받아야 합니다."
"고객보호 문화를 선도해야 합니다."
"고객보장을 잘 실천할 수 있는 우수 조직을 순증(純增)해야 합니다."

또한 그는 2011년 2월 8일에 있었던 보장유지서비스 혁신 간담회에서 이렇게 말했다.

"민원 발생을 최소화하는 것은 고객만족 경영의 기본 중의 기본이며, 민원을 제로로 만든 후 비로소 고객만족을 이야기해야 합니다."

신창재 회장의 이러한 고객 중심 경영철학은 경영 전반에 반영되어 있는데 그 몇 가지 예를 살펴보면 다음과 같다.

경영진이 고객을 직접 만나는 '라포(Rapport) 프로그램'

이것은 교보생명의 우수 고객을 대상으로 실시하며 2012년에는 32회 이뤄졌다.

교보생명 '톡톡클럽' 운영

경영 현안에 대해 고객 패널의 의견을 듣고 반영하는 고객 패널 제도로 현재 오프라인 패널은 20명, 온라인 패널은 500명의 고객으로 구성되어 있다.

고객 중심의 상품 개발

고객의 3대 역경인 건강 상실, 지식 부족, 경제적 어려움을 극복하게 해줄 상품을 개발 및 공급해 '교보인의 비전'을 구현하는 것이 상품 개발의 기본 방향이다.

상품 사례

건강: 교보가족사랑통합CI보험, 교보실버케어보험

경제: 교보바로받는연금보험

지식: 에듀케어서비스, 맘스케어서비스 등

최근 신창재 회장은 이른바 '평생 든든 프로젝트'를 통해 그의 고객 중심 철학을 차별적으로 드러내고 있다. 이 프로젝트를 이해하려면 먼저 교보인의 비전이 제시하는 교보생명 미래상의 변화를 보아야 한다.

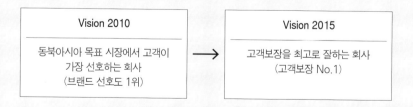

Vision 2010		Vision 2015
동북아시아 목표 시장에서 고객이 가장 선호하는 회사 (브랜드 선호도 1위)	→	고객보장을 최고로 잘하는 회사 (고객보장 No.1)

신창재 회장은 고객이 진정 원하는 것은 '가입-유지-지급'의 보험 전 과정에 걸쳐 고객이 재정적 보장과 심리적 안정을 기대 이상으로 받는 것이라고 보고 '최고의 고객보장'을 회사 미래상의 근간으로 내세우고 있다. 그 구체적인 실천 방안이 바로 평생 든든 프로젝트다. 그가 2011년 10월 전략회의 때 한 말을 살펴보자.

"그동안 보험업계는 유지서비스보다 상품 판매를 위한 가입서비스에 치중해 온 것이 사실입니다. 신규 계약을 중시하는 업계의 영업 관행 때문이지요. 그러다 보니 '가입할 땐 왕처럼 모시다가 정작 가입하고 나면 관리가 소홀해진다'는 고객 불만이 많았습니다. 우리는 평생 든든 프로젝트를 통해 '보험을 파는 회사가 아닌, 고객을 보장하는 회사'가 되어야 합니다."

즉, 신창재 회장은 신규 계약 중심에서 보장유지서비스 중심의 보험 문화를 제창한 것이다. 그가 생각하는 평생 든든 프로젝트의 개념은 다음과 같다.

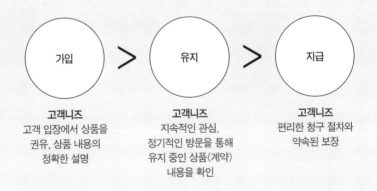

가입	유지	지급
고객니즈 고객 입장에서 상품을 권유, 상품 내용의 정확한 설명	**고객니즈** 지속적인 관심, 정기적인 방문을 통해 유지 중인 상품(계약) 내용을 확인	**고객니즈** 편리한 청구 절차와 약속된 보장

이것은 그야말로 한국 보험 산업의 패러다임을 바꾸려는 시도로 신창재 회장은 고객이 모르던 보험금까지 찾아 주는 평생 든든 서비스를 교보의 모든 고객이 경험하도록 임직원들을 독려하고 있다.

이외에도 신창재 회장은 고객보호 담당 임원을 자신의 직속으로 배치하고 지역서비스회복센터를 독립기구로 만들었으며, 모든 임직원이 참여하는 완전 판매 서약, 고객 불만 예방 다짐 서약을 받는 등 고객 중심 조직문화를 정착시키기 위해 진력하고 있다.

수익성 위주 경영의 선도자

신창재 회장은 대학에서 정규 경영학 교육을 받은 적이 없지만 그는 최근에야 떠오른 '수익성 위주 경영'의 필요성을 일찌감치 깨닫고 이를 철저히 실천하고 있다. 아직도 전 세계의 업계에서는 매출 또는 시장점유율 중심의 사고가 팽배해 있다.

그러나 이제 기업은 어떠한 대가를 치르고서라도 성장을 꾀하기보다는 이른바 '이익을 내는 성장'(profitable growth)을 추구해야 한다. 그리고 신창재 회장은 '이익을 내는 성장'의 중요성에 비교적 일찍 눈을 떴다. 취임 초기 그가 교보생명을 비롯한 국내 보험회사들의 몸집 불리기 경쟁의 폐해를 보고 매우 큰 충격을 받은 탓이다.

그는 취임 직후 2000년 초에 '이익중심 영업정착 실무조사단'을 조직해 비밀리에 영업 실태를 조사했다. 그 결과는 그야말로 '참담' 그 자체였다. 한마디로 말해 총체적 부실이었다. 실적 쌓기를 위해 서짓으로 작성한 허위 계약이 부지기수였고, 고지 의무를 충실히 따르지 않거나 고객의 자필서명을 받지 않은 부실계약도 허다했다. 매출 위주의 영업으로 인해 보험설계사든 신규 계약이든 '대량 도입, 대량 탈락'의 악순환을 거듭하고 있었다. 이 모든 것이 이익 창출이 아닌 수입보험료 증대를 목표로 삼은 결과였다.

이후 신창재 회장은 철저하게 물량이 아닌 품질 위주의 영업 정책을 추구하고 있다. 다시 말해 부실 계약을 완전히 없애고 보험계약 유지율, 보험설계사 정착률, 설계사 생산성을 높이는 데 힘을 기울였다. 또한 설계사들이 상대적으로 수익성이 낮은 저축성 상품보다는 수익성이 높은 보장성 상품을 더 열심히 팔도록 그들을 지도하고 있다.

수익성 향상을 위해서는 이러한 품질 위주의 영업과 함께 리스크 관리가 매우 중요하다. 그래서 신창재 회장은 보험영업 부문에서는 언더라이팅(underwriting), 즉 보험심사를 더욱 강화하고, 자산운용부문에서는 업계 최고 수준의 리스크 관리를 주문한다. 실제로 교보생명 자산운용 부문의 리스크 관리 능력은 가히 세계적이며 덕분에 이 회사의 자산운용 수익률은 경쟁사보다 늘 높은 편이다. 특히 리스크 관리 능력은 2008년 금융위기 직후에 큰 힘을 발휘한 바 있다. 2009년 교보생명의 이익이 생명보험업계 전체 이익의 무려 51퍼센트나 차지한 것이다. 그것은 다른 보험회사들에 비해 상대적으로 부실자산이 훨씬 적었기 때문에 가능했던 일이었다. 이렇게 수익성 위주의 경영에 힘쓴 결과, 교보생명은 현재 6조 7천 4백억 원에 이르는 자본금의 약 75퍼센트를 이익잉여금으로 충당할 수 있었다.

앞으로도 품질 위주 영업과 철저한 리스크 관리를 바탕으로 한 수익성 위주 경영은 계속해서 신창재 회장의 경영철학의 한 축을 이룰 것이다.

언행일치 및 의사결정의 일관성

신창재 회장을 볼 때마다 나는 일본에서 살아 있는 '경영의 신'으로 추앙받는 이나모리 가즈오 교세라 명예회장이 생각난다. 그가 일본에서 가장 존경받는 기업인이 된 것은 뛰어난 경영실적과 더불어 인본(人本) 사상을 담은 그의 경영철학 때문이다. 보기에 따라서 그의 저서는 미사여구로 꽉 차 있다는 느낌을 받을 수도 있다. 성실, 자기희생, 정열, 창조, 공생, 조화, 비전, 수양, 인격, 겸허, 사랑, 공명정대, 존경, 반성, 건전, 열의, 행복, 올바름, 신중, 공존 등 그의 여러 저서에 나오는 아름다운 말들은 끝이 없다. 그러나 그런 낱말의 나열이 단순한 말잔치가 아닌 매우 진지한 철학 강좌의 담론으로 다가온다. 이나모리 가즈오의 말에는 커다란 무게가 실려 있다. 그 이유는 무엇일까?

첫째, 그의 말은 모두 넓고 깊은 체험에서 나온 것이다.

둘째, 그는 철저한 언행일치의 본보기다. 이나모리는 솔선수범해서 자신의 말을 행동으로 보여 주었다.

셋째, 말에 모순이 없고 저음부터 끝까지 한결같다. 그의 사상체계는 일관성을 띠고 있다.

물론 신창재 회장은 업적이나 경륜 면에서 아직 이나모리 가즈오 회장과 비교가 되지 않지만, 언행일치와 사상의 일관성에서 오는 의사결정의 일관성에 관한 한 두 사람은 상당히 서로 비슷하다.

신창재 회장은 2001년 12월 교보인의 비전 2010을 선포한 뒤 다음과 같이 선언했다.

"우리 회사는 회장 위에 비전이 있습니다. 이제 모든 결정은 비전에 따라 해야 합니다. 내가 만일 비전을 어기면 쫓아내십시오."

실제로 교보생명에서는 비전이 '왕회장'(Big Boss)으로 통한다. 이나모리 회장은 경영지식도, 사업 경험도 없는 상태에서 1959년 창업했다. 이후 지금까지 그가 가장 힘을 기울인 것은 그 나름대로 확립해온 자신의 경영철학을 모든 사원과 공유하는 일이었다. 교세라가 출범 이후 50년간 눈부신 발전을 거듭해 온 이유를 누군가가 물으면 그는 한결같이 대답한다.

"우리에게는 기업철학이 있고 그것을 모든 사원이 공유하기 때문입니다."

두 사람 모두 확고한 철학을 갖고 그것을 임직원들과 공유하고 주요 의사결정을 그들의 경영철학 또는 비전에 의거해서 해오고 있다.

신창재 회장은 말과 행동이 일치한다. 예를 들어 고객 중심을 내세우는 그가 내린 다음의 결정을 보자. 교보생명이 IMF사태 직후의 고

금리시대에 대량으로 판매한 금리보장상품이 금리가 떨어지자 회사에 커다란 부담을 주기 시작했다. 하지만 고객과의 약속을 무엇보다 중요시한 교보생명은 감언이설로 고객이 현재 가입한 상품을 다른 것으로 바꾸도록 하는 조치를 취하지 않았다.

그뿐 아니라 나는 아직 신창재 회장이 '교보인의 비전'에 포함된 정직과 성실, 도전정신이라는 핵심 가치에 어긋나는 행동을 하는 것을 듣거나 본 적이 없다. 오히려 그의 '정직'이 사회 전체에 신선한 충격을 준 적은 있다. 2003년 9월 19일 그의 부친인 창업자 신용호 명예회장이 세상을 떠나자 그가 1,792억 원이라는 어마어마한 액수의 상속세를 납부한 것이다. 교보생명 주식으로 물납하느라 지분이 크게 줄어드는 상황에서도 그는 법에서 정한 대로 상속세를 모두 냄으로써 노블레스 오블리주의 모범을 보여 주었다.

신창재 회장의 의사결정 기준은 명확하다. 그것은 '무엇이 주식회사 교보생명을 가장 위하는 길인가?' 하는 것이다. 교보생명의 대주주인 그의 이해관계와 회사의 이해관계가 일치하지 않을 때는 그는 주저하지 않고 회사 편을 든다. 가령 대주주이면서도 그는 회사가 이익잉여금을 쌓아야 한다고 생각하면 주주배당금을 받지 않겠다는 뜻을 거리낌 없이 표명한다. 자신의 개인소득을 희생해서라도 회사의 자본 확충을 돕겠다는 얘기다. 그렇다고 회사의 다른 주주들도 똑같이 생각하는 것은 아니므로 교보생명 이사회는 매년 주주들의 의견과 회사의 사정을 감안해 적절한 배당금 결정을 내린다.

교보생명이 자본 확충의 필요성을 절실히 느끼던 2007년, 교보생명은 8월 7일 이사회를 열고 3,700억 원 증자 결정을 내렸다. 이는 신창재 회장이 원한 것보다 훨씬 적은 액수였다. 여기서 우리는 다음과 같은 사실을 확인할 수 있다.

첫째, 최대주주인 신창재 회장은 증자에 참여할 자금력이 없기 때문에 증자를 하면 그의 지분이 줄어들고 심지어 경영권을 잃을 가능성도 있다. 하지만 그는 회사가 필요로 하면 자신의 지분이나 경영권에 집착하지 않는다는 뜻을 분명히 했다.

둘째, 그는 교보생명의 최대주주이자 이사회 의장이므로 당연히 이사회에서 큰 영향력을 행사할 수 있다. 그러나 그는 다른 이사들에게 아무런 압력도 넣지 않았고 다만 이사회의 일원으로서 표결에만 참여했다. 그는 이사회가 독립적으로 의사결정을 하는 것이 회사를 위하는 길이라고 믿기에 이사회가 자신의 뜻과 상당히 거리가 있는 결정을 내려도 저지하지 않았다.

셋째, 그는 독립된 이사회가 회사의 집행부를 견제, 감시, 독려하는 이사회 중심의 지배구조가 궁극적으로는 회사를 위하는 것이라고 믿고 이사회 중심 경영을 하고 있다.

이해관계자들을 모두 만족시키려는 균형의 예술가

신창재 회장은 '경영은 균형의 예술'이라는 견해를 여러 번 피력한 바 있다. 그것은 경영자가 회사 안팎의 여러 이해관계자들(stakeholders) 사이에서 단기 목표와 장기 목표, 재무적 성과와 비재무적 성과, 성장과 리스크 관리 등 상반된 이슈에 대해 균형 잡힌 의사결정을 해야 할 때가 많기 때문이다. 따라서 경영자는 기업을 둘러싼 다양한 이해관계자들 사이에서 균형을 잡아 주는 예술가에 비유할 수 있다는 것이다. 즉, 신창재 회장은 경영자라면 고객에게 잘하고 투자자에게 잘하는 등 모든 이해관계자들을 만족시키는 '균형의 예술가'가 되어야 한다고 본다.

신창재 회장은 이해관계자들 사이에서 균형을 잡는 작업의 출발점을 '고객만족'으로 하고 있다. 고객에게 경쟁사보다 더 좋은 상품과 서비스를 제공하여 그가 만족하면, 회사의 매출과 이익이 모두 늘어나고 재무설계사의 수입이 더 많아지고, 임직원들은 적절한 보상을 받고, 주주는 기대하는 수익을 얻게 된다. 또한 그 결과, 기업은 나라에 더 많은 세금을 냄으로써 주요한 사회적 책임을 다하게 된다. 이러한 선순환에 의해 이해관계자들의 균형발전이 가능해지며, 양립하기 어려울 수도 있는 기업의 이익과 이해관계자들의 만족이 동시에 충족된다.

신창재 회장은 이러한 내용의 '이해관계자 경영'을 신조로 삼고 있다. 모든 이해관계자들과 함께 성장하고자 노력한다. 그 핵심은 교보생명이 각 이해관계자에게 제공해야 할 가치가 무엇인지를 명확하게 알고, 이를 바탕으로 각 이해관계자 별로 핵심성과지표(KPI)를 설정하여 관리하는 것인데, 그 구체적인 내용은 다음에서 볼 수 있다.

- 고객에게는 경쟁사보다 더 나은 상품과 서비스를 제공해야 한다. 그래야 선택을 받을 수 있다. 교보생명이 2011년부터 시행하고 있는 '평생든든 서비스'는 신창재 회장의 생각을 그대로 반영한 서비스다. 이것은 모든 재무설계사가 모든 고객을 정기적으로 찾아가 고객이 미처 받지 못한 보험금이 있는지, 고객이 궁금해하는 보장 내용은 무엇인지 등을 파악하고 처리해 주는 서비스다. 교보생명은 이를 통해 고객이 꼭 필요로 하는 '고객보장'을 그 어떤 회사보다 더 잘하는 회사가 되려고 노력하고 있다.

- 임직원들에게는 공정하고 적절한 평가와 보상, 역량 개발 등을 통해 성장 기회를 제공하는 것이 중요하다. 또 그들이 높은 성과를 낼 수 있도록 신바람 나는 일터를 조성해야 한다. 교보생명은 혈연, 지연, 학연 인사를 타파하기 위해 '연령, 출신지역, 학력, 연공서열, 성별, 국적, 내외부 출신, 연봉', 이 여덟 가지를 묻지 않는다.
교보는 이것들을 배제하고 오로지 역량에 따라 임직원들을 배치하고 성과에 따라 보상한다는 원칙을 갖고 있다.

- 재무설계사에게는 생명보험이 고객에게 제공하는 진정한 가치인 '고객보장'을 그들이 고객들에게 잘 제공할 수 있도록 도움을 준다. 그리하여

그들이 일하는 보람을 느끼게 하고 더 많은 수입을 올리며, 전문가로 성장할 수 있는 가능성을 열어 준다.

• 투자자들에게는 회사가 높은 수준의 이익을 계속 냄으로써 그들에게 적절한 기대 수익을 제공해야 한다. 교보생명은 장기적이며 안정적 성과창출을 꾀하며, 높은 수준의 이익을 지속적으로 내면서 경영 각 부문의 수익성을 높이는 데에 주력한다. 뿐만 아니라 리스크 관리면에서도 선제적으로 대응하여 그것이 기업가치의 상승으로 이어지도록 한다. 그결과 교보생명은 회사의 수익성을 나타내는 경영성과 지표인 자기자본수익률(ROE)에서 2004년 이후 줄곧 경쟁사인 삼성과 한화보다 앞서고 있다. 또한 앞에서도 이미 언급했듯이 무디스나 피치 같은 세계적인 신용평가회사들로부터 매우 높은 신용등급을 받고 있다.

• 국가에는 세금을 성실하게 내고, 일자리 창출 및 사회공헌활동을 통해 지역사회 발전에 이바지해야 한다. 교보생명은 기업시민으로서의 의무를 다하고, 생명보험회사의 특성에 맞게 돈, 건강, 지식의 결핍에서 오는 역경을 극복할 수 있도록 다양한 사회공헌활동을 한다. 교보생명의 사회공헌활동은 제휴 단체와 공동으로 사업을 추진하고, 수혜자가 자립할 수 있도록 지원하여 '나눔'을 재생산하는 것이 그 특징이다.

신창재 회장은 모든 이해관계자들과의 균형 성장이 회사의 지속가능한 성장을 위해 꼭 필요하다고 본다. 이 가운데 어느 하나가 희생되거나 또는 이해관계자들이 균형적으로 성장하지 못한다면, 단기적으로는 회사가 유지되겠지만 지속적으로 성장하지는 못한다고 생각한다. '이해관계자 경영'은 교보생명이 앞으로도 대내외의 환경 변화 속에서 생존과 번영을 지속하기 위한 핵심 전략이자 신창재 회장의 경영철학의 정수라고 생각된다.

이 시대에 보기 드문 정도(正道) 경영을 하는 신창재 회장은 정도 경영이 곧 고객, 임직원, 투자자, 지역사회 등 기업의 모든 이해관계자를 위하는 길임을 뚜렷이 보여 주고 있다. 세금 포탈, 무리한 경영승계, 내부거래, 황제 경영, 족벌 경영 등으로 눈살을 찌푸리게 하는 기업이 도처에 있는 오늘날 신창재 회장의 정도 경영은 한국의 기업들이 나아갈 방향을 뚜렷이 보여 주는 등대다.